LEYENDAS URBANAS MISTERIOSAS

Colección de las Leyendas Urbanas más Misteriosas Contadas Alrededor del Mundo

CHASE MCGILL

© **Copyright 2021 – Chase McGill - Todos los derechos reservados.**

Este documento está orientado a proporcionar información exacta y confiable con respecto al tema tratado. La publicación se vende con la idea de que el editor no tiene la obligación de prestar servicios oficialmente autorizados o de otro modo calificados. Si es necesario un consejo legal o profesional, se debe consultar con un individuo practicado en la profesión.

- Tomado de una Declaración de Principios que fue aceptada y aprobada por unanimidad por un Comité del Colegio de Abogados de Estados Unidos y un Comité de Editores y Asociaciones.

De ninguna manera es legal reproducir, duplicar o transmitir cualquier parte de este documento en forma electrónica o impresa.

La grabación de esta publicación está estrictamente prohibida y no se permite el almacenamiento de este documento a menos que cuente con el permiso por escrito del editor. Todos los derechos reservados.

La información provista en este documento es considerada veraz y coherente, en el sentido de que cualquier responsabilidad, en términos de falta de atención o de otro tipo, por el uso o abuso de cualquier política, proceso o dirección contenida en el mismo, es responsabilidad absoluta y exclusiva del lector receptor. Bajo ninguna circunstancia se responsabilizará legalmente al editor por cualquier reparación, daño o pérdida monetaria como consecuencia de la información contenida en este documento, ya sea directa o indirectamente.

Los autores respectivos poseen todos los derechos de autor que no pertenecen al editor.

La información contenida en este documento se ofrece únicamente con fines informativos, y es universal como tal. La presentación de la información se realiza sin contrato y sin ningún tipo de garantía endosada.

El uso de marcas comerciales en este documento carece de consentimiento, y la publicación de la marca comercial no tiene ni el permiso ni el respaldo del propietario de la misma.

Todas las marcas comerciales dentro de este libro se usan solo para fines de aclaración y pertenecen a sus propietarios, quienes no están relacionados con este documento.

Índice

Introducción	vii
1. Un poco de contexto	1
2. Orígenes	9
3. Folclore y las leyendas urbanas	11
4. Leyendas urbanas y teorías de la conspiración	19
5. Memes	33
6. Leyendas urbanas clásicas	47
7. El tema de la desnudez	71
8. El tema del cadáver	79
9. Algunas otras leyendas famosas	85
10. Las leyendas de las Torres Gemelas	99
11. Internet y las leyendas urbanas	113
12. Hollywood y leyendas urbanas	117
13. Algunas leyendas relevantes en Norteamérica	123
14. América Central y Sudamérica	135
Conclusión	157

Introducción

Las leyendas urbanas ocupan una posición única en la cultura humana. Son un puente entre la narración de historias reales, el reino de la fantasía y el mundo real.

Existen en los límites donde las definiciones de lo verdadero y lo imaginario carecen de solidez y claridad. Son historias que desdibujan los bordes. Nos enorgullecemos, sobre todo en esta época, de ser inteligentes, conscientes y conscientes del mundo que nos rodea. Creemos que es menos probable que, en este mundo moderno de información instantánea, seamos víctimas de una estafa, un engaño o una historia falsa. No creemos en una Tierra plana o que las estrellas estén fijadas a esferas de cristal. Sabemos que los planetas giran alrededor del sol. Conocemos la edad del universo, la velocidad de la luz y el funcionamiento de la mecánica cuántica.

Pero de alguna manera, a pesar de estos avances, las leyendas urbanas siguen dominando. ¿Por qué ocurre esto?

Las leyendas urbanas han sobrevivido tanto tiempo porque los humanos cuentan historias y lo han hecho desde la fogata realizada en la época del Paleolítico hasta el bar del bar local. Las razones para hacerlo son numerosas. Las historias se cuentan como dispositivos de vinculación social. Pueden ser herramientas para el auto engrandecimiento o utilizarse para la transmisión de información. Pueden ser un medio de instrucción, particularmente en el ámbito de la moral y las costumbres, y, en algunos casos, pueden usarse como un dispositivo para controlar el comportamiento de otros, desde grupos de niños pequeños hasta naciones enteras. Incluso en una era electrónica, las historias siguen siendo importantes para nuestra especie. Uno solo tiene que mirar la continua popularidad de la televisión, el cine, las novelas y los juegos de computadora para darse cuenta de que la narración de historias está muy viva y sobrevivirá mientras haya humanos para contarlas. Las historias son un pegamento social: las necesitamos, probablemente más que nunca al comienzo de un nuevo milenio, como sienten grandes franjas de la población de todo el mundo, con razón o sin ella, que están entrando en una era más precaria.

Introducción

Las historias brindan seguridad, una experiencia compartida y una comunidad que nos ayuda a todos a lidiar con el mundo en general, pero también pueden engañarnos y fomentar enormes conceptos erróneos sobre nuestra sociedad y nuestra posición en ella.

1

Un poco de contexto

EL ASPECTO más interesante de estas leyendas urbanas, es que parecen desafiar la destrucción crítica. De hecho, están prosperando más que nunca. Después de los ataques a las Torres Gemelas en Nueva York el 11 de septiembre de 2001, comenzaron a circular varias leyendas urbanas y se informó en todos los niveles de los medios de comunicación como si fueran ciertas.

Las leyendas se contaban en los periódicos y en los noticiarios. El más famoso de ellos fue el Thankful Stranger, generalmente un hombre de apariencia del Medio Oriente, quien, después de que le devolvieran su billetera caída, le dice al buen samaritano que evite cierta estación de metro en un día determinado a una hora determinada.

. . .

La durabilidad de las leyendas urbanas se basa en su credibilidad superficial; después de todo, podrían ser ciertas. Ahí radica su fuerza.

Hay una sensación con todas las Leyendas Urbanas de que, en algún lugar, y en algún momento, realmente sucedieron como se describe. Son lo suficientemente inteligentes como para engañarnos a todos, por más inteligentes que creamos que somos.

Este libro se propone describir esas historias que circulan por las calles en todas sus formas populares y ofrecerá algunas razones de su durabilidad. En particular, examinará una forma de analizarlos a través de la idea del "meme", un elemento de la cultura que se replica a sí mismo. Destacará las historias más famosas y discutirá las leyendas como símbolos culturales y los medios por los que impregnan todos los niveles de la interacción social humana.

El tema es, por supuesto, extenso con material nuevo que aparece casi a diario y, por lo tanto, se recomienda que el lector se familiarice con él, o al menos a sí mismo.

. . .

Este libro se propone examinar el atractivo perdurable de esas historias que todos hemos escuchado en algún momento, aceptadas como verdaderas y transmitidas como tales a otros, deleitando en su narración con un cierto grado de schadenfreude. Los eruditos y los folcloristas reconocen estos cuentos a menudo citados como una parte fundamental de nuestra tradición narrativa en curso y que no son más que leyendas urbanas que se han desarrollado como susurros chinos. Estos son cuentos que han crecido en la narración pero que no tienen base en la realidad.

Todos los hemos escuchado y todos los hemos aceptado como verdaderos, convenciéndonos de que en algún lugar los incidentes contados deben haberle sucedido a alguna pobre víctima desprevenida. Nuestras ideas sobre su autenticidad están respaldadas por su recuento en los medios de comunicación populares, que a menudo se han convertido en un participante dispuesto en su propagación, informando los incidentes como eventos de la vida real en lugar de ficción.

Este libro pretende cruzar a muchas otras áreas, abarcando ovnis, abducciones extraterrestres, fantasmas y otros relatos de lo sobrenatural.

. . .

Se ha argumentado que las historias de abducción alienígena son una leyenda urbana moderna en ciernes y, gracias al poder omnipresente de los medios de comunicación, muchas personas los han aceptado como la verdad. Algunos programas de televisión, por ejemplo, toma una leyenda urbana y la convierte en un programa de televisión. Esto solidifica la 'falsedad' en 'realidad', dando soporte retroactivo al material fuente original. En un sentido muy real, este libro se convierte en un medio a través del cual se transmiten ideas importantes de una generación a la siguiente, similar en muchos aspectos a los cuentos de hadas en los que se ocultan significados subtextuales.

Además, se trabaja de la mano con el folclore. En realidad, puede que no haya mucha diferencia entre ellos. Son solo caras diferentes de la misma moneda. Las leyendas urbanas tienen mucho en común con las leyendas antiguas y los cuentos populares sobre tesoros escondidos, fantasmas, Robin Hood y así sucesivamente. Se les cuenta con la misma convicción sincera y deliberada. Se transmiten de boca en boca, generalmente son anónimos y varían constantemente en términos de detalles particulares, a menudo alterados por el narrador que agrega su propio brillo a una historia bien pulida que ya brilla a través de años de narración.

. . .

Ambos tienen un núcleo central de elementos tradicionales y motivos icónicos que abarcan generaciones y son interculturales. Estos encajan perfectamente en la amplia gama de experiencias humanas y se mueven fácilmente a través de las fronteras de naciones y culturas.

Las leyendas urbanas deben entenderse como intrínsecamente falsas, al menos en el sentido de que los eventos extraordinarios no pudieron haber sucedido en tantos lugares del mundo a tantos familiares. amigos y amigos de los amigos de los millones de relatadores de cuentos. Por otro lado, lo que debe tomarse como cierto es que las historias mismas tienden a ser un reflejo subconsciente (a veces consciente) de las preocupaciones de los individuos en las sociedades en las que las leyendas circulan y evolucionan. Por ejemplo, la historia de la Primera Guerra Mundial sobre El ángel de Mons se difundió tan rápidamente porque ofrecía esperanza y significado. en medio del caos y la anarquía de la guerra.

Las historias contemporáneas de invasión corporal por parásitos o serpientes pueden, de hecho, reflejar un temor de que la sociedad sea invadida por forasteros.

. . .

Eventos recientes, como los ataques al World Trade Center, han generado una nueva ola de Leyendas Urbanas que involucran a personas que se dirigen a los médicos quejándose de dolor de estómago solo para que les digan que hay una gran serpiente tropical, u otra criatura horrible, creciendo dentro de ellos. Los verdaderos temores de invasión se reflejan así en las historias que le cuenta a alguien un amigo de un amigo de un individuo que estaba escuchando una conversación en una cafetería. Cuando una nación tiene miedo, sus relatos aumentan en frecuencia para reflejar eso. Una leyenda urbana clásica centrada en el World Trade Center tiene sus raíces en el miedo a otro ataque del misterioso extraño en el metro agradeciendo a alguien por una buena acción. por lo general, la devolución de una billetera perdida y luego advertirles que no estén en un lugar en particular en un momento específico. Una variación de este incluso llegó a este lado del Atlántico.

Hace cincuenta años se expresaron temores similares en el susto de los 'Rojos bajo las camas' en los Estados Unidos. Esto se reflejó en todo tipo de fenómenos culturales y sociales, desde los guiones de películas hasta el Comité de Actividades Antiamericanas de la Cámara y los juicios que instigó.

. . .

Este ejemplo, en el que una leyenda urbana se convierte en un tema político importante, es un claro recordatorio para nosotros de que no son solo cuentos inofensivos.

Las leyendas urbanas también entran en la categoría de lo que denominan ideas de memes. Estas se propagan casi como virus dentro de las estructuras culturales humanas, un concepto que la comunidad científica está empezando a tomar en serio. Estos memes tienen vida propia y se reproducen rápidamente a medida que los humanos entran en contacto entre sí. Pueden ser tan simples como un tintineo de un anuncio de televisión o pueden ser una red más compleja de memes interconectados.

Este libro no desacreditará los relatos que se cuentan en las calles, pero explicará su desarrollo y algo de su historia. Examinará algunas leyendas urbanas clásicas, muchas de las cuales han inspirado suficientes películas de Hollywood como para convertirse en clichés y, sin embargo, siguen siendo efectivas porque son parte del subconsciente humano. El libro también describirá los diversos temas en torno a los cuales se pueden agrupar dentro de las leyendas urbanas. Hay muchos tipos distintos, como, por ejemplo, contaminación del organismo, desnudez o adolescentes en peligro.

. . .

También describirá algunas variaciones modernas, incluida la abducción extraterrestre, que opera en gran medida en el ámbito del cuento de hadas clásico, teniendo en cuenta el miedo a los forasteros como parte de su fuente psicológica y proceso de desarrollo a lo largo del camino. A medida que nuestra tecnología mejora exponencialmente y aprendemos más sobre nuestro universo y nuestro lugar dentro de él, estos relatos están demostrando ser tan persistente y poderoso como siempre. Internet ha proporcionado un canal nuevo y potente para que estos cuentos se transmitan en todo el mundo mejorando la velocidad de transmisión y asegurando su durabilidad.

2

Orígenes

Uno de los grandes misterios que rodean a las leyendas urbanas se refiere a sus puntos de origen. Estas historias se pueden rastrear en todo el mundo, pero no se puede encontrar una ubicación de fuente única para ninguna de ellas, excepto aquellas con un punto fijo, como las historias que rodean las Torres Gemelas. Cambian, cambian y alteran sus elementos en un proceso de adaptación para que ninguna cantidad de investigación pueda señalar una ubicación exacta o un lugar en el tiempo donde la leyenda cobró vida por primera vez. Se pueden seguir pistas, pero siempre llegarán a un callejón sin salida donde los eventos originales detrás de la historia simplemente se han desvanecido. Si es que alguna vez existieron.

. . .

Algunas leyendas pueden comenzar como nada más que rumores nacidos de una mala interpretación de los fenómenos o de un conjunto de circunstancias a medio escuchar, evaluadas erróneamente y transmitidas como un hecho o una serie de hechos. De hecho, algunos rumores pueden mezclarse. Comienzan como totalmente desconectados, pero a través del proceso de narración y la voluntad del narrador de entrar en la cámara y mejorar el material, surge un prototipo de leyenda urbana, una que evoluciona a medida que se difunde.

Cuando Kenneth Arnold vio extraños objetos voladores sobre el monte Rainer en 1947, los describió como moviéndose como lo haría un platillo, saltando sobre el agua. En ninguna parte dice que fueran "platillos voladores". Pero la palabra "platillo" fue aprovechada y difundida por los medios de comunicación. La prueba de aviones secretos y de tecnología alemana capturada después de la Segunda Guerra Mundial fue vista por testigos casuales y desinformados y contribuyó al molino de los rumores. De una tercera dirección vino la mala interpretación de los sucesos celestiales naturales. Juntos impulsaron esa Leyenda en particular, los elementos ahora se mezclan para formar un todo que se ha convertido en el "mito OVNI".

3

Folclore y las leyendas urbanas

Las leyendas urbanas forman una subclase distinta del folclore. Son historias que, a diferencia de los cuentos de hadas, se cree que son verdaderas o, al menos, parecen creíbles porque contienen elementos que apoyan la noción de que son fácticas. En La leyenda de la bestia de Bodmin, por ejemplo, la idea de que los grandes felinos hayan escapado y estén vagando por el campo no está más allá de los límites de la credibilidad.

Mientras que los mitos se establecen en un pasado distante e involucran las actividades de dioses, diosas y otros seres sobrenaturales, desde ángeles hasta minotauros, las leyendas urbanas se establecen en el pasado reciente y tienen personas normales, en la vida cotidiana.

. . .

Entornos a menudo banales como protagonistas. Se trata de una historia cuasi-folk que gana su credibilidad a partir del uso de lugares reales, productos conocidos y otros elementos modernos que son fácilmente reconocibles y a los que se les puede atribuir una importancia y, por tanto, un alto nivel de credibilidad. Dicho de manera cruda, sabemos que hay adolescentes, que hay autos y que hay lugares donde los adolescentes se reúnen para besarse. Por lo tanto, no está más allá de los límites de la credibilidad sugerir que alguien con inclinaciones asesinas está vigilando sus actividades y que los propios adolescentes pueden ser víctimas para él. Que este individuo tenga un gancho o alguna otra arma inusual es el punto de pivote de esta leyenda urbana en particular.

La mayor parte de la comunicación humana, incluidos los chistes, las reuniones de negocios, los chismes, la enseñanza, etc., rara vez se convierte en folklore, pero la mayoría de las veces estos eventos comunicativos contienen elementos de material tradicional que son memorables y fácilmente repetibles. Así, al menos en un nivel, el folclore persiste y evoluciona, escondido dentro de nuestros chistes, refranes, chistes y anécdotas y otros géneros conversacionales.

. . .

Algunas formas de folclore, como los cuentos de hadas, los mitos, las canciones, etc., pueden continuar solo en determinadas circunstancias y solo pueden desarrollarse en distintos grupos sociales que dependen completamente de la difusión oral, que contienen patrones internos y motivos y temas recurrentes sin los cuales las historias se marchitarían y morirían. Estas estructuras internas permiten que el cuento popular sobreviva mientras que las variaciones externas permiten que la historia sea replicada. alterar, cambiar y variar a medida que se vuelve a contar la historia. Estas historias se comportan, en muchos sentidos, como una evolución con la historia adaptándose a su entorno para que pueda sobrevivir.

En contraste con esto, está la idea de la ubicación de los cinco. Las leyendas que rodean la destrucción de las Torres Gemelas tienen un punto fijo desde el que se originan. Las leyendas urbanas derivadas de esa tragedia no sobrevivirán mediante la adaptación a, digamos, Brandon White. Sabemos que nada de eso ha sucedido en Londres y que Brandon White sigue en pie. Mientras que una leyenda urbana como el caniche en el microondas es tan genérica que tiene una mayor capacidad de supervivencia, se puede transferir a cualquier restaurante de cualquier ciudad en cualquier parte del mundo.

. . .

Por supuesto, lo contrario es cierto. Algunas Leyendas Urbanas existentes pueden adaptarse para adaptarse a la paranoia que rodea a las Torres Gemelas. Por ejemplo, las historias de contaminación corporal pueden aumentar como resultado directo de un mayor miedo y paranoia surgidos de ese incidente. El miedo al forastero, el terrorista, ya es una condición psicológica profundamente arraigada en los Estados Unidos de hoy.

Comprender el folclore y, por lo tanto, el ámbito de la leyenda urbana es comprender la psique de una nación.

Historias altas

La narración de historias es una parte inherente de la existencia humana y ha estado con nosotros desde que los humanos han podido hablar. Es una forma de cohesión social o un proceso de vinculación. Todos cuentan historias en su lugar de trabajo. en la escuela, el hogar o en cualquier cantidad de reuniones sociales. Es una parte importante de nuestras vidas. Alimenta nuestras industrias del entretenimiento y nos educa en el comportamiento moral, religioso y social.

. . .

Las historias en sí vienen en tres tipos distintos. 1) Historias **REALES** que relatan eventos reales como vacaciones, pequeños rasguños en accidentes, un romance floreciente o de cola. 2) **CREADO** - las historias inventadas de novelas, películas, cómics, etc. 3) **LEYENDAS Y MITOS**.

Aunque estos dos últimos términos se utilizan a menudo indistintamente y, la mayoría de las veces, confusos, tienen significados separados y específicos. Tanto los mitos como las leyendas contienen elencos de personajes y tramas seguidas hasta sus conclusiones y, sin embargo, sus elementos centrales son diferentes.

Los mitos son cuentos sobre los actos de seres divinos o sobrenaturales y / o animales mágicos que sirven para explicar la creación del mundo o cómo ciertos elementos de nuestro mundo surgieron y tienen lugar en los confines del tiempo. Por el contrario, las leyendas son relatos de supuestos incidentes que involucraron a personas comunes en tiempos más recientes. Aunque ambos tipos de historias se cuentan como verdaderas, ni los narradores ni sus audiencias creen necesariamente que sean verdad literal.

. . .

Las leyendas urbanas son una clase específica de leyendas, que se diferencian de las leyendas ordinarias porque se proporcionan y se cree que son relatos de incidentes reales que ocurrieron o fueron presenciados por alguien que el cajero casi conoce. Estos cuentos se cuentan como verdaderos, locales y como sucesos recientes y, a menudo, contienen nombres de lugares dentro del vecindario del narrador o la región circundante, que evolucionarán, se adaptarán y cambiarán según el narrador, para darle un toque adicional al cuento. Las leyendas urbanas son narrativas, que ponen nuestras lágrimas y preocupaciones en forma de historias, que usamos para confirmar y, de hecho, reforzar la corrección de nuestra visión del mundo, por parcial que sea. Como cuentos de advertencia, nos advierten contra la participación en comportamientos de riesgo señalando lo que supuestamente les ha pasado a otros, lo que hace es enumerar el valor que tendría la tentación de probar. Otro que hizo lo que podríamos tener la tentación de intentar.

Otras leyendas confirman nuestras sospechas de que es un mundo peligroso, uno inundado de asesinos enloquecidos, terroristas al acecho, empresas sin escrúpulos que quieren hacer dinero a cualquier precio y gobiernos que se preocupan poco por sus ciudadanos.

. . .

El refuerzo de estas historias se presenta en forma de eventos noticiosos muy reales en los que las personas son secuestradas por asesinos - eventos recientes en Australia - donde miembros del público son asaltados en sus autos, o inclusive, donde los jóvenes se quedan en las manos de pedófilos.

¿Verdadero o falso?

En general, comúnmente equiparamos una leyenda urbana con falsedad, particularmente cuando escuchamos historias más famosas como The Phantom Hitchhiker o The Nude Surprise Party. Pero otros eluden nuestras capacidades críticas y, durante mucho tiempo, permanecen en el dominio público, siendo contados y contados nuevamente como verdad. Un ejemplo de esto sería el Challenger Disaster Tapes Legend en el que cuenta la historia que Mission Control en Houston tenía una grabación en cinta de los últimos momentos de la vida de los astronautas cuando el Challenger se desplomó hacia la destrucción en el Océano Atlántico: nace una leyenda urbana. de la realidad de la grabadora de Black Box. Este es un excelente ejemplo de una leyenda urbana que suena convincente. Sabemos que existen grabadoras Black Box, por lo que la NASA debe tener una grabación en cinta de los astronautas.

Por cierto, otra creencia errónea es que las cajas negras son realmente negras. No lo son, en realidad, dichas cajas son naranjas.

Lo que añade peso a esta leyenda urbana es que el mundo vio cómo se desarrollaba el desastre en la televisión. No se trataba de ningún camino rural tranquilo ni era un amigo de un amigo de un amigo que vio explotar el transbordador. La gravedad se agrega a la leyenda porque ha surgido de un evento real, un punto fijo.

4

Leyendas urbanas y teorías de la conspiración

CUALQUIER DIVISIÓN entre leyendas urbanas y las teorías de conspiración, pronto se disuelve. A veces, los dos son indivisibles. Se alimentan unos de otros y difuminan sus límites mutuos. Uno puede llegar a parecerse al otro. Por ejemplo, aquí hay una teoría de la conspiración sobre la Segunda Guerra Mundial y sus causas:

ESTADOS UNIDOS COMENZÓ LA Segunda Guerra Mundial

Se sabe que la familia del presidente Bush ayudó a financiar a los nazis; esta fue una táctica deliberada para desestabilizar Europa y, en particular, el Imperio británico que, aunque en decadencia, era la fuerza dominante en el poder mundial. Una guerra mundial con sus raíces en Europa central paralizaría el continente y permitiría a Estados Unidos entrar y dominarlo. No solo eso, al asegurar la victoria en el Lejano Oriente, Estados Unidos también controlaría esa región del mundo. Recuerde que Estados Unidos había sufrido una crisis económica en el colapso de Wall Street y la Gran Depresión y, como dice el famoso dicho, 'la guerra es buena para los negocios Estados Unidos se ha convertido en la fuerza dominante en la política mundial; por lo tanto, Estados Unidos inició WT2 para controlar el mundo económicamente Este es, hasta cierto punto, un argumento bien razonado. Por supuesto que lo es. mal, pero contiene en su interior numerosos hechos que el lector sabe que son ciertos. El creador de la teoría de la conspiración se ha basado en ciertos hechos innegables y algunas leyendas urbanas y los ha reunido en un párrafo que se lee como si fuera un hecho. Esta teoría de la leyenda / conspiración se transmite a través de numerosos canales y se filtra al amplio mundo donde se asimila. A partir de ese momento, puede crecer con cada narración: se añaden más y más hechos a la mezcla hasta llegar a un punto en el que puede convertirse en una visión aceptada de la política mundial e incluso un día puede confundirse con la historia real.

Agregar hechos a la mezcla no siempre hace que una leyenda sea duradera ni mucho menos.

Puede ayudar, ciertamente, como lo demuestra el ejemplo anterior, pero algunas de las leyendas urbanas clásicas han sobrevivido por ser totalmente falsas, el ingrediente mágico siempre es que "podrían ser simplemente ciertas. Lo mismo se aplica a las teorías de la conspiración. Hay un elemento duda que se cuela en las mentes más escépticas con cuentos como estos, particularmente si los hechos reales están entretejidos en el tapiz textual. Al igual que con el ejemplo anterior y el del Área 51, numerosas leyendas se pueden unir para formar una gran conspiración teoría.

Las leyendas urbanas y las teorías de la conspiración operan y se desarrollan de manera similar.

En su esencia, puede haber un cierto grado de verdad y, en su recuento, se distorsionan (a menudo por el narrador) para embellecer la historia y hacer que suene más emocionante.

Sin embargo, las teorías de la conspiración carecen de un subtexto moral y en gran parte no tienen los elementos tabú sociales que son una parte importante del lenguaje de leyenda urbana.

. . .

¿Eventos reales?

Otra leyenda urbana que ha estado circulando durante varios años es el Trabajador de oficina muerto. En este cuento, se ve a un hombre desplomado en su escritorio en su oficina aparentemente dormido cuando sus compañeros de trabajo llegan a trabajar por la mañana. Naturalmente, asumen que ha trabajado toda la noche y que se está recuperando un poco de sueño y se queda solo. Esto sucede durante toda una semana hasta que alguien entra en su oficina para despertarlo y descubre que el hombre ha estado muerto durante algún tiempo. Esto se informó, de hecho, en numerosos periódicos de ambos lados del Atlántico hasta la primavera de 2004.

Aunque la gran mayoría de estos cuentos son pura invención, algunos resultan estar basados en incidentes reales, y si algo sucedió realmente no tiene relación con su estatus como Leyenda Urbana. Lo que saca a los cuentos verdaderos de este tipo del mundo de las noticias y los coloca en el género de la tradición contemporánea es la iluminación de los detalles y la multiplicidad de afirmaciones de que los eventos ocurrieron localmente, alteraciones que tienen lugar a medida que las historias pasan por innumerables manos.

. . .

Aunque de hecho podría haber habido un evento real original, claramente no le sucedió a tanta gente o en tantos lugares como las diversas reiteraciones del mismo nos harían creer. Lo que destaca a estas historias como leyendas urbanas son sus ubicaciones y participantes en constante cambio.

Una de las clásicas leyendas urbanas es el ratón en la botella de Coca-Cola, una variación del tipo de contaminación alimentaria. Este es uno de los cuentos más conocidos de todos los tiempos y tiene variantes como Worm Burgers y Deep Fried Rat. El sociólogo Gary Fine de la Universidad de Minnesota, investigando la verdad detrás de estas narrativas, descubrió en los registros de la corte de apelaciones que, de hecho, habían aparecido ratones muertos en botellas de Coca-Cola y en botellas de refrescos de otras marcas. Ha documentado, entre los años 1914 y 1976, 45 casos de − supuestamente - ratones muertos encontrados en botellas que pasaron por los juzgados. La mayoría de esos casos se dirigieron contra Coca Cola, principalmente porque las ventas de esa marca estaban muy extendidas. Por tanto, hay que concluir que al menos algunas leyendas urbanas se basan en hechos. Pero, como señala Gary Fine, se puede descartar la variación de la hamburguesa con gusanos como falsa, ya que una libra de gusanos en realidad sería más cara que una libra de carne molida.

Este simple punto no ha obstaculizado la propagación de esa Leyenda particular. En cuanto a la rata frita, como ocurre con tantas leyendas urbanas, ninguna cantidad de negación, burla o explicación racional hará que esa historia en particular desaparezca.

De hecho, las leyendas urbanas tienden a tener un carácter cíclico. Por ejemplo, las leyendas de Teens In Peril fueron prolíficas en la década de 1960, con toda probabilidad como reacción a las tan temidas actitudes liberales de la época. Durante las décadas de 1970 y 1980, disminuyeron solo para resurgir nuevamente en la década de 1990 porque los elementos centrales de ese subconjunto de leyendas se usaron en películas de terror populares dirigidas al mercado juvenil: Stream, I Know What You Did Last Summer y sus secuelas posteriores.

Siendo los ejemplos más famosos. En Saream, por ejemplo, la escena de apertura es una leyenda urbana completa en sí misma: el asesino dentro de la casa, un clásico del género Teens in Peril. Al igual que en la década de 1960, la historia reflejaba los temores de la permisividad de los adolescentes, el resurgimiento fue una respuesta directa a la ideología de la década de 1980, la percepción de una moral suelta y los crecientes temores en torno al SIDA.

En muchos sentidos, los asesinos de películas en sí mismos fueron más atemorizantes la segunda vez porque las amenazas del mundo real eran en sí mismas mucho más aterradoras. Existía una especie de reciprocidad entre estas amenazas del mundo real y las que aparecían en la pantalla, cada una haciéndose eco e impulsando a la otra.

Significado Cultural

Las leyendas necesitan tres elementos básicos para sobrevivir. Son: 1) un fuerte atractivo de la historia básica 2) una base en la creencia real y 3) un mensaje significativo, generalmente conectado a un problema moral o un miedo cultural. El ratón en la botella y otros con ese tema, se puede argumentar, representan el miedo a que las grandes empresas sin corazón pasen por la sociedad; un miedo irracional a que las corporaciones impersonales se estén apoderando de ellos, cambiando la sociedad y haciendo cualquier cosa para obtener ganancias rápidas.

De hecho, el miedo y la alienación son una fuerza motivadora importante para las leyendas urbanas y, en la mayoría de los casos, su horror inherente actúa como una advertencia para todos los que puedan transgredir.

También son obras de teatro en tres actos, una estructura familiar para los guionistas que, cabe mencionar, muchos de los cuales, últimamente, han saqueado este tipo de relatos urbanos en busca de ideas para guiones.

Está la configuración, el conflicto y la recompensa, generalmente como un giro que termina con un valor de impacto. De hecho, esta es otra razón por la que este tipo de historias tienen tanto éxito. Encajan en los ritmos naturales que se encuentran en todas las estructuras de la historia.

Un fuerte atractivo básico de la historia es evidente cuando consideramos la naturaleza de las historias contadas. Las leyendas urbanas están inundadas de asesinos, amenazas de invasión, miedo, comportamientos impactantes que rompen tabú y un mundo casi fuera de control.

Juegan con miedos humanos primarios, miedos que habitan en todos los niveles de la cultura. Miedos que se remontan a tiempos primitivos y que todavía están conectados dentro del cerebro humano.

. . .

En el recuento de algunas Leyendas urbanas, el papel de ciertos personajes puede variar de una posición menor a la de un jugador importante. Por ejemplo, un policía que viene al rescate de una joven herida (La muerte del novio) puede haber sido originalmente casi inexistente como personaje, pero cuando una sociedad siente que las cosas están fuera de control, que la anarquía no puede estar muy lejos, el papel del policía se convierte en un salvador, una figura guía de la que los oyentes pueden obtener algún consuelo moral, ético o judicial.

Un fundamento en la fe es una parte menos tangible de la leyenda urbana porque la fe es algo tan arbitrario y, de hecho, personal. Para uno, la existencia de un dios o dioses se toma como una creencia absoluta, o más bien como una verdad inquebrantable. Para un ateo, la noción de un ser mítico invisible que guía una vida es una tontería. Durante el proceso de narración debe haber una suspensión voluntaria de la incredulidad o el deseo de tomar la historia como un hecho. Esto es asistido por el arte del narrador que puede sembrar la historia con lugares y personajes conocidos para darle un sabor auténtico. Pero, como hemos visto, esto no quiere decir que todas las leyendas urbanas no tengan nada de verdad. De hecho, lo opuesto es verdad.

. . .

En las leyendas urbanas, los mensajes subyacentes suelen ser muy claros y siempre sencillos, actuando en muchos casos como una advertencia explícita para que los oyentes se comporten. A menudo hay un sentido de justicia poética en la historia - alguien que se comporta tontamente - cosecha lo que ha sembrado. Así como los cuentos de hadas son ricos en subtexto (por ejemplo, 'no te desvíes del camino en el bosque oscuro' actúa como un mandato metafórico para mantener intactas la moral o la virginidad), estas historias actúan como una guía moral o un criterio. Muchas historias tienen la sensación de que, si te desvías del camino, el asesino te atrapará. La mayoría de las veces existe un subtexto sexual. En las películas de terror dirigidas al mercado adolescente, que se inspiran en los temas de estas leyendas, la joven doncella que mantiene su virginidad y se comporta de manera moralmente recta es la que sobrevive. Cualquiera que tenga una moral sexual más libre acaba muerto.

En un nivel más obvio, historias como The Boyfriend's Death o The Hook advierten a los adolescentes que se mantengan alejados de situaciones en las que puedan encontrarse en peligro o, al menos, que limiten sus actividades dentro de límites parentales definidos.

. . .

En una escala simbólica mayor, en un contexto cultural, las historias reflejan los temores de una sociedad sobre las mujeres y los jóvenes que quedan. vulnerable y solo, en un mundo sombrío más allá de la seguridad de la unidad familiar. Una hebra evolutiva directa en la narración de historias nos lleva desde sociedades primitivas donde alejarse más allá de la seguridad de la cueva y el fuego del campamento significaba una muerte segura. Las fuentes de algunos de los principales temas pueden remontarse hasta aquí. Estas historias pueden llegar incluso al nivel genético en el que un padre luchará para proteger a sus crías, un instinto incorporado en casi todos los animales.

Por supuesto, una cultura debe estar lista para ser infectada por una Leyenda Urbana. Las historias de autopistas fantasmas no tienen lugar ni sobrevivirán en una sociedad que no tiene un uso generalizado del automóvil, pero esto no significa necesariamente que la leyenda urbana de The Phantom Hitchhiker se marchite y se desvanezca. Lo que es más probable que suceda es que la historia se adaptará dramáticamente a la cultura indígena. Es poco probable que los bosquimanos del Kalahari cuenten una historia sobre cómo recoger a un autoestopista en un automóvil, pero la historia que cuentan involucrará a un cazador solitario que sigue a una presa que se encuentra con otro cazador solitario que se une a él en la persecución hasta que desaparece dramáticamente en algún momento.

En el viaje. El cazador solitario sorprendido puede encontrarse en una aldea vecina donde se entera de que el hombre que describe murió. año anterior. La columna vertebral básica de la historia es la misma que se cuenta en los EE. UU. O el Reino Unido, pero se ha adaptado al Kalahari. Aquí se expresa un miedo subliminal y primigenio a los arbustos, o la oscuridad más allá de la cueva.

Para que cualquier Leyenda Urbana sobreviva en una cultura, debe satisfacer una necesidad, ya sea de forma subconsciente o directa. En un mundo generalmente prosaico, eso puede no ser más que una necesidad de escapar de la realidad. Este libro también puede actuar como un dispositivo para enseñar moralidad, como una advertencia de los peligros del mundo o como una forma de explicar lo desconocido. Además, el texto también proporciona un escape cultural a través del cual se pueden entender situaciones extrañas, embarazosas y peligrosas. Apelan a la morbosa curiosidad humana por lo sensacional, al igual que lo hacían los espectáculos de fenómenos itinerantes, y satisfacen nuestra creciente demanda de noticias, chismes y charlas cada vez más sensacionales. Cuanto más alarmante sea la historia, mejor. Hoy día, los medios de comunicación están obsesionados con el culto a la celebridad y ese ha sido un caldo de cultivo para algunas de las leyendas urbanas más famosas de los últimos años.

La trillada historia de una estrella de cine y una extraña práctica sexual que involucra a un roedor es un buen ejemplo. Esta leyenda prospera porque se basa en los celos del éxito de otra persona, pero también funciona porque trae a la celebridad de vuelta a la tierra, revelando la cruda realidad bajo el brillo y el brillo de Hollywood. En este sentido, las leyendas urbanas pueden actuar como un nivelador social, una forma de desahogarse sobre las inconsistencias e hipocresías de lo aparentemente glamoroso. Las historias que contamos sobre celebridades nos permiten sentirnos normales y ejercer cierto grado de control en un mundo donde la influencia real está fuera de nuestro alcance.

Contando las historias

Es posible que se desconozcan los orígenes y las fuentes primarias de estas historias, pero no hay duda sobre sus modos de reproducción. Estas historias existen como un fenómeno global que se mueve a través de las culturas de la misma manera que las canciones, los cuentos de hadas y los mitos lo han hecho durante milenios, pero ahora tienen las condiciones adicionales de la televisión 24 horas e Internet, a través de las cuales pueden moverse instantáneamente por todo el mundo. con el clic de algunos botones o iconos en una pantalla.

Lo que no ha cambiado es la necesidad humana de contar historias, el deseo muy humano de cotillear y charlar con nuestros compañeros de club. miembros, trabajadores de oficina, pasajeros, compañeros de escuela, miembros del equipo, etc. Dondequiera que congreguemos historias está dicho. Pero contar historias es un arte y la entrega bien practicada o animada de una historia, una que atrae la atención de los oyentes, puede asegurar que sobreviva o se desarrolle más que una historia a la que se le da menos "énfasis dramático". ¿Es esto únicamente por el contenido de verdad o el valor de entretenimiento de una historia individual o hay algo más en juego?

5

Memes

¿POR QUÉ LAS leyendas urbanas poseen una capacidad de supervivencia duradera? ¿Por qué, a pesar de nuestra creciente comprensión del mundo en una época más ilustrada, estas historias se siguen contando y transmitiendo? Una teoría involucra la idea de "memes".

En 1976, el profesor Richard Dawkins introdujo la idea de los memes en su obra fundamental The Selfish Gene. En esto, describe los memes como un vector para la transferencia de ideas a través de la cultura, desde una melodía, un eslogan hasta un hábito adquirido o la forma correcta de construir un arco. Este concepto simple pero efectivo fue retomado y desarrollado por la Dra. Susan Blackmore en su importante libro The Meme Machine.

. . .

Por supuesto, la idea de los memes es controvertida y, como cualquier teoría nueva, tiene tanto partidarios como denunciantes, pero está ganando aceptación rápidamente. Memes. Bajo el término general "memética", puede ofrecernos nuevas teorías sobre la evolución humana tomando en cuenta altruistas comportamientos, el desarrollo de la conciencia y el idioma en el camino.

Los memes pueden, de hecho, afectarnos en el nivel genético, un concepto bastante emocionante en sí mismo. Pero, ¿qué son los memes y cómo se relacionan con las leyendas urbanas? En resumen, un meme es un elemento de la cultura que se reproduce a sí mismo, transmitido por imitación.

Los memes, en muchos aspectos, se comportan de manera similar a los genes, ya que ambos son replicadores. La variación y la selección ocurren cuando el material se copia o se pasa. Esto es cierto en las adaptaciones, los detalles, el lugar, incluso los personajes pueden alterar en cada réplica, en otras palabras, cada narración de la historia, pero el corazón básico de la narrativa sigue siendo el mismo. En The Phantom Hitchhiker, el país en el que se desarrolla la historia puede cambiar de los EE. UU.

. . .

Al Reino Unido, el sexo del autoestopista cambia de mujer a hombre y de nuevo a mujer, y puede ser la hija, sobrina o nieto de alguien, pero la historia básica. sigue siendo exactamente el mismo. Un autoestopista es recogido en una carretera solitaria y luego desaparece misteriosamente. El buen samaritano descubre más tarde que la persona a la que le llevaron, de hecho, lleva muerta dos, cinco o diez años. La historia evoluciona, muta y se adapta a la sociedad en la que existe y sobrevive tomando referencias culturales específicas que le permitan reproducirse aún más. En otras palabras, una leyenda urbana es un meme.

A medida que los memes se transfieren, pierden información y recogen nuevos datos, lo que en última instancia puede conducir a cambios en la cultura humana. A veces, los memes ocurren en grupos grandes o se congregan y se transmiten en masa. Estos se denominan complejos de memes coeditados, o memeplejos, para abreviar. Las religiones organizadas son el mejor ejemplo de esto. En las religiones se transmite toda una panoplia de memes (reglas, reglamentos y credos). Uno solo tiene que estudiar las religiones del mundo para ver que incluso allí, los memes están trabajando cambiando sus principios básicos o creando cismas dentro de estos sistemas de creencias. Si los memes no funcionaran, no existirían tantas variaciones sobre un tema.

¿Cuántas versiones del cristianismo existen en el mundo de hoy, cada una de las cuales afirma ser el mejor camino hacia la verdad?

Ideas como el bien y el mal también son memes. En el mundo real no existe una fuerza independiente en funcionamiento llamada "buena" ni existe una llamada malvada. Estas son nociones que de alguna manera han sobrevivido hasta el punto en que la mayoría de nosotros no podemos mirar el mundo sin definir algo como bueno o malo, viéndolo en términos de blanco y negro y no sombras de gris. Por supuesto, este tipo de memes puede ser útil como control social. Las religiones, que Dawkins llama "virus de la mente", utilizan las ideas falsas del bien y del mal como una forma de propagar su material de memes. Los adherentes transmiten lo que han aprendido a otros como un método para asegurar su supervivencia. Las organizaciones religiosas también usan misioneros, un vector de memes muy obvio. El memeplex almacenado en sus cerebros, el sistema de creencias se transfiere directamente a otras culturas utilizando una máquina de memes, en este caso el Misionero.

En cierto sentido, todos los memes pueden denominarse el virus de la mente y pueden ser tan contagiosos como sus contrapartes biológicas.

Se difunden casi subliminalmente, de persona a persona o de grupo a grupo y se difunden en toda la sociedad mediante la interacción social, la comunicación verbal y los medios de comunicación. De esta forma, los memes, tanto a gran escala como a pequeña escala, pueden reproducirse y difundirse a nivel global. Con el desarrollo y la creciente proliferación de la World Wide Web e Internet, los memes pueden inyectarse en la cultura de masas a la velocidad de la luz y con historias de transmisión televisiva casi instantáneas, a menudo confundidas con la verdad, pueden transmitirse casi de un país a otro. tan rápido. La mayoría de las veces ignoramos por completo que estamos viendo y absorbiendo memes, ocupados replicándose dentro del flujo constante de información que fluye desde las pantallas de computadora o televisores hasta nuestros cerebros, donde se almacenan a la espera de su inevitable adaptación y eventual transferencia.

Antes de la revolución global de las comunicaciones, los memes habrían tardado mucho en proliferar y se habrían desarrollado dentro de un espacio limitado y confinado, centrado, por ejemplo, en una tribu o una afiliación flexible de tribus, compartiendo tal vez un contacto limitado hasta que una nación invasora trajo consigo. sus propias ideas, sus modos de vestir y (la mayoría de las veces) su religión todopoderosa para afectar a los pueblos indígenas. Se habrían inyectado nuevas formas de pensar, de actitud y comportamiento correctos, tanto consciente como inconscientemente en la sociedad de los conquistados. Al suavizar la transición de las viejas formas a las nuevas, éstas habrían beneficiado en gran medida a los conquistadores, pero no todo habría sido un tráfico en un solo sentido. Habría habido cierto grado de reciprocidad.

La transferencia de memes habría funcionado en ambos sentidos.

Los memes operan tanto a un nivel básico (por ejemplo, una locura por los yoyos que se extiende a través de una escuela) como a gran escala en la forma de una religión o una leyenda urbana reconocible. Muchas empresas y empresas confían en los memes para difundir sus mensajes a la sociedad en general. Los anuncios usan memes en forma de eslogan o jingles. Estos entran en la mente y se arraigan y un día, una semana, tal vez años después, nos encontramos tarareando una melodía de un comercial. La música en sí es un propagador generalizado de memes que consisten en estilos de música, secuencias de acordes, florituras, etc. Hace algunos años comenzó el meme del muestreo y, en un momento, cada canción que aparecía en las listas de éxitos parecía tener algún tipo de sonido copiado dentro de su estructura.

Los músicos recogen estilos de memes y los transmiten; gran parte del resurgimiento del pop británico de principios y mediados de los noventa, por ejemplo, contenía referencias y firmas que recuerdan la música de los sesenta.

Los memes también pueden transmitirse como tipos de comportamiento. Richard Dawkins describe la tutoría de una joven que adoptó una respuesta inusual a una pregunta que se le hizo. Si la respuesta requería un pensamiento serio, cerraría los ojos con fuerza, dejaría caer la cabeza sobre su pecho y luego se congelaría durante medio minuto más o menos mientras reflexionaba sobre la pregunta. Luego miraba hacia arriba y ofrecía una respuesta fluida e inteligente. Cuando Dawkins le dijo esto a un colega, la respuesta fue: '¡Ese es Wittgenstein! Dawkins descubrió que esta alumna era hija de admiradores del filósofo de quien habían recogido esta afectación y la transmitieron inconscientemente hasta ella. Ahora, este libro ha tomado el relevo y se ha convertido también en un dispositivo de transmisión de ese meme conductual, pasando de un vector conductual a uno de la palabra escrita, un caso claro de memes adaptándose para sobrevivir. Sería interesante averiguar, como preguntó Dawkins, dónde recogió Wittgenstein ese meme.

. . .

Algunos memes se vuelven muy conocidos y utilizan todo tipo de métodos de transmisión. Hoy, los medios de comunicación ofrecen el medio de cultivo perfecto para los memes. Un cierto grado de aceptación social está asociado a un diseño o nombre en particular, especialmente uno que ha existido durante mucho tiempo. Por ejemplo, tomemos a Nike, que usa el nombre de una diosa griega antigua para la victoria, junto con su famoso símbolo de palomita como logotipo.

El nombre en sí ha sido parte del subconsciente colectivo durante miles de años y tuvo una vida significativa antes de su resurgimiento como marca. Más personas hoy, por supuesto, conocen el nuevo significado en lugar de la fuente original, pero este es un claro ejemplo de un meme que secuestra un nombre existente para continuar su existencia. Los memes evolucionan, cambian de forma y se adaptan para permitir su existencia continua. El proceso es similar a la idea evolutiva de la supervivencia del más apto. Solo los memes fuertes sobrevivirán.

Las leyendas urbanas también evolucionan y, de hecho, los fuertes sobreviven. Se adaptan y crecen con cada narración y tienen vida propia.

. . .

Como dijo el psicólogo Sir Frederic Bartlett, el narrador embellece cada cuento contado con detalles olvidados o agregados y toda la repetición y transmisión del cuento se convierte en un gran juego de Susurros chinos.

Los memes actúan como organismos vivos, pero para decir eso los memes son biológicos es sugerir la posibilidad de que se pueden extraer y disecar bajo un micro alcance. No pueden ni pueden ser medidos o cuantificados. Sin embargo, utilizan un medio biológico en que proliferar (seres humanos) por lo que deberían, en cierto sentido, ser consideradas como estructuras vivas, no solo metafórica sino también, literalmente.

Ciertamente, los memes están en todas partes y una gran cantidad de cultura se nutre de ellos, pero no somos participantes renuentes en su supervivencia. Infectan nuestras mentes, pero no somos solo robots pasivos que transmiten memes. Como dice el Dr. Blackmore, son herramientas con las que pensamos, pero no todo lo que pensamos es un meme. El filósofo estadounidense Daniel Dennett sostiene que nuestras mentes y nosotros mismos son creados por una interacción de memes que cambian y cambian constantemente, aceptados, viejos rechazados o nuevos.

. . .

Quizás haya algo de naturaleza simbiótica en ellos. Cuando tratamos de encajar con grupos particulares, adoptamos la moda, los gestos y las formas de hablar comunes a ese subconjunto humano. Imitamos, pero lo hacemos para encajar, para ser aceptados y para sentirnos queridos. Quizás nuestra propia supervivencia esté en juego en una especie de simbiosis mutuo gen-meme en la que uno ayuda al otro. Un solitario pronto encontrará que sus genes se extinguen, por lo que pertenecer a un grupo de estado mutuo permite una mayor posibilidad de supervivencia del gen. Los memes también necesitan genes para continuar. En grupos, nos contamos historias unos a otros en una especie de proceso de vinculación. En una fiesta, los invitados se reúnen en grupos para discutir la vida de los demás y volver a contar historias que han escuchado. Pero aquí se intercambian otros memes, incluido el lenguaje corporal, las entonaciones vocales y la entrega, las bromas, incluso la moda.

La mayoría de los memes son benignos, pero algunos son destructivos. Las nociones estereotipadas, la caricatura del 'científico loco', por poner un ejemplo, se transmiten como memes incluso cuando, a largo plazo, son malas para todos nosotros. Si no hay nada beneficioso en la supervivencia de un meme de tipo estéreo, ¿cómo se las arreglan para continuar y prosperar?

. . .

Varios memes (por ejemplo, el pensamiento y las teorías científicas, la literatura o el arte) tienen éxito porque nos son realmente útiles y se comportan de forma benigna.

Por el contrario, otros memes más malignos utilizan una variedad de trucos y manipulaciones para hacerse copiar, independientemente de si la información es beneficiosa para nosotros o no. En resumen, tienen que sobrevivir.

Deben replicar y para ellos eso es todo lo que importa. Los datos que llevan no lo hacen. Este último grupo a menudo se denomina 'memes egoístas, una referencia a la idea de Dawkins del gen egoísta'.

Algunos memes pueden entrar en conflicto entre sí para sobrevivir. Tomemos, por ejemplo, la imagen icónica de la esvástica. Antes del ascenso de Hitler y el partido nazi, la esvástica o Fylfot era un símbolo de buena suerte o del sol. Durante la Segunda Guerra Mundial, el significado de la esvástica estuvo vinculado a grandes actos de barbarie y para la mayor parte del mundo occidental sigue siendo un símbolo del mal. Pero en los países budistas, particularmente en el Tíbet, el símbolo de la esvástica sigue siendo positivo.

. . .

En este caso, no hay duda de qué versión del meme es más poderosa, pero puede llegar un momento en que el meme de la esvástica en Occidente, su supervivencia amenazada, tendrá que adaptarse y evolucionar para continuar y volverá a su significado original.

No hay duda de que las leyendas urbanas, a medida que se transmiten, evolucionan y se adaptan a su entorno cultural, pero el corazón básico del mito sigue siendo el mismo y, a pesar de las variaciones regionales y nacionales, también lo hacen los principales elementos que componen su tejido. Lo que cambia dentro de cualquier Leyenda Urbana son los elementos que permiten que se transmita y así sobreviva. A todos los efectos, estos relatos se comportan como memes.

Interpretación

Al interpretar este tipo de historias, nos enfrentamos al problema principal de la falta de información sustancial además de quién está contando la historia, la cadena relativa y los elementos básicos de la historia que se cuenta.

. . .

Con una noticia se puede identificar el lugar del incidente y se pueden entrevistar testigos, ya que no hay tales recursos a mano.

La interpretación, entonces, debe apoyarse en la columna vertebral de estas narrativas es: la historia básica, los elementos van y vienen. se desarrollan y adaptan a la cultura indígena en la que prosperan y solo pueden interpretarse en términos de las circunstancias imperantes en la sociedad en la que existen. El papel de ciertos personajes y elementos en las historias, generalmente secundarios, fluctúa. Estos elementos secundarios exigen interpretación ya que, como Jan Harold Brunvand escribe: "Los folcloristas asumen que ningún dato cultural carece de significado y que cualquier dato de una cultura puede arrojar algo de luz sobre el significado de otros datos de la misma cultura". Con eso quiere decir que los folcloristas también deben estar dispuestos a recurrir a una amplia gama de referencias culturales al considerar la interpretación de una Leyenda Urbana. Las historias reflejan una sociedad y negarse a considerar ciertos aspectos de esa sociedad es arriesgarse a llegar a conclusiones falsas sobre su subtexto. Todos los rincones de una cultura, desde las escuelas y las iglesias hasta los tribunales de justicia y los medios de comunicación, deben examinarse en busca del significado de una leyenda. Es necesario hacer todo tipo de preguntas.

¿A qué normas de comportamiento aspiran los personajes delas leyendas? ¿Cuáles ignoran? ¿Se conforman o se rebelan? ¿La historia básica es de antagonismo hacia las demandas de la sociedad o de cumplimiento?

La interpretación debe implicar la búsqueda del tema básico: la leyenda urbana posee una búsqueda del motivo subyacente (a menudo una violación de un tabú) que existe en el núcleo del cuento antes de que se pueda deducir el trabajo real del significado general. Al comparar estos motivos, uno puede evaluar las conexiones históricas y psicológicas entre culturas. En última instancia, por supuesto, pueden reducirse a los patrones de comportamiento por excelencia que son universales para todas las sociedades humanas.

6

Leyendas urbanas clásicas

En esta sección se examinarán en detalle algunas de las leyendas urbanas más famosas y célebres. Además, también lo harán algunas Leyendas Urbanas recientes que han crecido en torno al ataque y la construcción de las Torres Gemelas en Nueva York para mostrar cómo un evento como ese provocó el comienzo de una nueva serie de historias, algunas de las cuales fueron reportados en los medios globales como ciertos.

Con las Torres Gemelas, entramos una vez más en el reino de la Teoría de la Conspiración, ya que varias historias en realidad se leen menos como leyendas urbanas, y más como aparentes hechos reales que rodearon el 11 de septiembre de 2001.

. . .

El tema 'Adolescentes en peligro'

Los adolescentes son uno de los canales más importantes para la distribución de estas historias y relatos. Esto, en parte, se debe al hecho de que abarcan los dos mundos de la infancia y la edad adulta. Están dejando uno para el otro y, por lo tanto, muestran miedos subconscientes sobre el mundo que los rodea. Psicológicamente, la narración de historias expresa el deseo de advertirse unos a otros sobre los peligros que están a punto de afrontar en el resto del mundo. Los adolescentes tienden a ser los más sociables de todos los grupos sociales, congregándose en clubes, pubs, colegios, universidades, etc. Aparte de los medios, estos son los sitios donde la transmisión de estos relatos está más extendida.

La muerte del novio

El folclorista David R. Barnes recopiló el ejemplo más antiguo conocido de esta historia en 1964 de un estudiante de primer año en la Universidad de Kansas. Por supuesto, eso no quiere decir que la historia no existiera antes. Hay elementos modernos del siglo XX en él, el automóvil, por ejemplo, pero la columna vertebral básica de la historia puede remontarse a mucho tiempo atrás.

El motivo central es la pareja comprometida en un comportamiento que siempre ha sido mal visto. Los adolescentes están traspasando las fronteras sociales y deben ser "castigados". Los elementos más fundamentales e inmutables de esta historia, la columna vertebral: son la pareja en el automóvil, la niña abandonada, el ruido de los arañazos, la figura en sombras, el rescate a la luz del día y el clímax horrible. Las variaciones ocurren cuando y donde se cuenta la historia, pero, como en este tipo de narraciones en general, la historia principal sigue siendo la misma. Estas variaciones son la ubicación regional, el motivo del abandono, los rescatistas, los detalles del asesinato y la explicación proporcionada por el nombre del lugar.

Esto sucedió no hace mucho en la carretera que sale de la autopista 'x' junto al autocine. Esta pareja estaba estacionada debajo de un árbol en esta carretera y, bueno, llegó el momento de que la niña regresara a su dormitorio, así que le dice a su novio que probablemente era hora de que se fueran. Pero el auto no arrancaba, así que le dijo que se quedara en el auto y cerrara las puertas mientras él se iba al cine a buscar ayuda. Bueno, él no regresó y pronto la niña comenzó a escuchar ruidos de arañazos en el techo del auto. Los ruidos continuaron y ella se asustó cada vez más. El novio no regresó.

. . .

Finalmente, cuando llegó la luz del día, algunas personas se acercaron y la ayudaron a salir del auto y cuando miró hacia arriba vio el cuerpo de su novio colgado de un árbol y eran sus pies los que arañaban el techo del auto. Por eso ese camino se llama "Camino del Ahorcado".

En algunas variaciones, para agregar un escalofrío adicional, las personas que la rescatan le dicen a la niña que no mire hacia arriba. Pero lo hace, con las inevitables consecuencias para su cordura. En esta versión de la historia, observe que los rescatadores se describen solo como 'algunas personas'. A medida que se desarrolla la historia, "algunas personas" se convierten en "policías". Las versiones posteriores incluso dan a los policías, líneas para decir. Por lo general, son ellos los que le dicen a la niña que no mire hacia arriba.

Las figuras de autoridad también dan crédito a la historia y añaden un mayor sentido de realidad a la historia.

Otros elementos de desarrollo incluyen el hecho de que la policía es llamada por los padres de los adolescentes desaparecidos o está patrullando cuando se encuentran con un automóvil aparentemente abandonado.

. . .

El gancho

Una fuente de The Boyfriend's Death Legend es The Hook, otro ejemplo clásico del tema Teens in Peril que se informó por primera vez en la década de 1950. Una vez más nos encontramos con adolescentes en una cita en un área aislada en una situación potencialmente peligrosa porque están actuando fuera de los límites del comportamiento aceptado. El Garfio, sin embargo, es más sutil en su advertencia subtextual de no portarse mal ya que ambos protagonistas escapan con vida.

Un joven y su cita se detienen en el carril de su amante favorito para escuchar la radio y besarse. Una advertencia en la radio de que un asesino fugitivo anda suelto interrumpe la música. Se le describe como teniendo un gancho en lugar de su mano derecha. La pareja se asusta y se va. El joven lleva a su cita a casa y se da la vuelta para abrirle la puerta y descubre que un gancho está atrapado alrededor de la manija de la puerta.

Es bastante fácil ver cómo The Hook pronto se convirtió en The Boyfriend's Death, ya que tienen mucho en común. Para cuando este último cuento apareció en la década de 1960.

The Hook ya era una de las leyendas urbanas favoritas y solo se necesitó un cierto grado de elaboración para que evolucionara hacia la historia más sofisticada.

Una vez más, el asesino de The Hook cambia de una zona a otra. En un lugar es un loco que se ha escapado de un manicomio. En otro, es un convicto. En algunas versiones, la pareja comienza a discutir porque las insinuaciones del joven se vuelven demasiado amorosas o la niña se asusta con el informe de radio y exige que la regresen a casa. El joven enciende el motor y se pone en marcha. Cuando llega a su casa, da la vuelta para abrir la puerta y encuentra un gancho ensangrentado en la manija de la puerta.

En cierto sentido, The Hook es una historia perfectamente ordenada con un punto de la trama que sigue al otro, pero, por otro lado (sin juego de palabras), ¿por qué un criminal convicto tendría un gancho? ¿Por qué aparecería este personaje justo cuando se anuncia su fuga en la radio? ¿Por qué la pareja se marcharía justo cuando el villano puso su gancho en la manija de la puerta? ¿No usaría su mano buena para abrir la puerta? Cuanto más se analiza, más comienza la historia a desmoronarse en mil pedazos.

. . .

Sin embargo, los elementos de la historia tal como se cuenta están abiertos a todo tipo de interpretación. El hecho de que el joven acelera el motor y se aleja corriendo por fastidio nos recuerda el propósito sexual original de la presencia de la pareja en ese lugar remoto.

En algunas versiones, tanto la niña como el niño están excitados sexualmente. En otras versiones es el deseo del joven lo que se destaca. La especialista en folclore Linda Dégh también sugiere que esta historia ilustra el terror natural de los discapacitados. El folclorista Alan Dundes no está de acuerdo, enfatizando la búsqueda sexual restringida en la trama.

Adopta un enfoque freudiano al ver el gancho como un símbolo fálico que penetra en la manija de la puerta de la niña, un gancho que se arranca en un acto de castración cuando el automóvil se pone en marcha ante la insistencia de la niña.

También podemos ver que el papel de la radio es como la voz de la conciencia, la voz de la sociedad por así decirlo, que actúa como una advertencia para la niña y que a menudo (pero no siempre, dependiendo de la versión) es una irritación para la niña. El hombre joven.

La niñera y el asesino de arriba

Esta leyenda es otro clásico del tema Teens In Peril. Incluso aparece una variación como la escena de apertura de la película Scream. En esta historia, un asaltante desconocido que se burla de ella por teléfono acosa a una niñera solitaria. Es similar al Killer In The Back Seat y es muy probable que sea una variación posterior.

Hay una joven niñera cuidando a dos niños, ambos en la cama dormidos, en una casa grande. Ella es viendo la televisión cuando de repente suena el teléfono. Al levantarlo, escucha esta voz masculina en el otro extremo riendo histéricamente. Ella le pregunta qué quiere, pero él no responde. Ella cuelga.

Preocupada por un momento, pronto olvida la llamada y vuelve su atención a la televisión. No mucho después de que el teléfono suene de nuevo y ella lo descuelgue solo para escuchar la misma risa maníaca. Cuelga de nuevo, pero, muy preocupada, llama al operario que le dice que se calme y, si vuelve a llamar, que lo mantenga en la línea el mayor tiempo posible para poder rastrear la llamada.

. . .

No mucho después de que el teléfono suene de nuevo y, al escuchar la risa nuevamente, ella le pregunta por qué el hombre está haciendo esto, pero él continúa riendo e ignora su pregunta. Esta vez cuelga y poco después la operadora llama y le dice a la niñera que salga de la casa inmediatamente. Lo hace, pero al salir ve a un hombre, riendo histéricamente, que baja las escaleras cubierto de sangre y lleva un gran cuchillo de carnicero. Ella sale corriendo a la calle justo cuando llega la policía, llamada por el operador, y descubren que el hombre ha matado a los dos niños.

Los elementos del set de esta leyenda son la hora tardía, una niñera que mira televisión, un hombre misterioso y amenazante que llama tres veces, un operador, una llamada para salir de la casa inmediatamente y la aterradora idea de que el asesino está en el lugar. casa todo el tiempo. Las variaciones ocurren en la ubicación (como siempre), el número de niños en la casa, lo que la persona que llama asesina le dice a la niñera (a veces nada más que una risa maníaca o simples amenazas) lo que el operador le dice a la niñera ('sal de la casa', 'no mires atrás', 'no vayas arriba') y la llegada de la policía (a veces la niñera los llama, a veces la operadora). La mayoría de las veces hay variaciones en el destino de los niños que cuidaba la niñera. Siempre están muertos, pero a veces han sido 'cortados en pedazos', otras veces 'despedazados'. Una de las razones del poder de esta Leyenda Urbana es que el cuidado de niños es algo tan común, una actividad cotidiana tan normal y esto fundamenta la historia en la realidad a pesar de la ridiculez y la falta de lógica de otros elementos, p. Ej. se ignoran las dificultades técnicas de llamar al teléfono principal desde una extensión de arriba. Por supuesto, hoy en día la historia se habrá adaptado para adaptarse a los avances en telefonía, incluida la visualización del marcador, la recuperación de números, etc. Estos desarrollos no obstaculizarán la narración de la historia. Como hemos visto antes, evolucionará y se adaptará al mundo moderno.

Sue Samuelson, otra folclorista afirma que el subtexto de esta Leyenda encarna la idea del refuerzo del poder de una sociedad patriarcal y la creencia de que una mujer, en este caso la niñera (una especie de proto figura materna), debe seguir los valores tradicionales. de ama de casa y ama de casa y no distraerse con sus propios intereses. La advertencia es evidente en el hecho de que la niñera está mirando televisión mientras matan a los niños de arriba. En numerosas leyendas urbanas, es interesante notar que siempre es el protagonista femenino, el que está en peligro y que a menudo es el centro de las advertencias subtextuales de que romper las normas sociales tendrá consecuencias terribles.

Samuelson puede tener razón en su teoría de que las historias de Teens in Peril están sesgadas a favor de una visión patriarcal de la sociedad y hacia una visión masculina particular de las mujeres y sus roles sociales.

El tema 'Road Legends'

Con el uso prolífico del automóvil, no es de extrañar que, en estas narrativas, haya crecido en torno a su uso. Historias como El autoestopista fantasma, con toda probabilidad, existieron mucho antes del motor de combustión y, sin duda, fueron conocidas por los viajeros de diligencias antes del siglo XX. La mayoría, sin embargo, no parece ser anterior al uso del automóvil.

El asesino en el asiento trasero

En muchos aspectos, esta historia está relacionada con The Babysitter and the Killer Upstairs, y la mayoría de las veces se coloca dentro de la categoría Teens In Peril, pero se considera más exactamente como una leyenda de la carretera.

. . .

Incluye a la mujer (a veces una conductora adolescente) en peligro y al asesino invisible, pero tiene lugar en la carretera y tiene variantes de tercer acto que ocurren en estaciones de servicio o apartaderos. También hay una variación de broma de esta historia en la que aparentemente se persigue a un hombre por la ciudad solo para que el perseguidor entregue algo de valor al destinatario paranoico, generalmente un bastón o un paraguas.

Una mujer ha estado visitando a unos amigos y, al salir de su casa, se da cuenta de que, al arrancar el coche, un vehículo sospechoso detrás de ella arranca el motor al mismo tiempo. Es temprano en la mañana y no hay otros autos en la carretera. Ella se pone en camino y se dirige a la carretera principal solo para notar que el auto sospechoso la está siguiendo. A medida que continúa su viaje, el perseguidor a menudo lleva el coche al mismo nivel que el suyo, pero nunca lo adelanta. La mujer ahora está realmente asustada. Está tan asustada que comienza a ignorar los semáforos en rojo. Eventualmente llega a casa y el auto de atrás se detiene en el camino detrás de ella.

. . .

Aterrorizada, la mujer se apoya en el claxon del coche y su marido sale corriendo y le pregunta qué diablos está pasando.

La mujer le dice que el hombre en el auto la está siguiendo, por lo que el esposo agarra a este hombre y lo amenaza.

El hombre le dice al esposo que vio la cabeza de un hombre subiendo y bajando en el asiento trasero del auto de la mujer y estaba tratando de advertirla. Al abrir la puerta trasera del coche de la mujer, el marido encuentra a un hombre escondido en el asiento trasero.

Una variación tiene el coche perseguidor haciendo parpadear las luces delanteras para tratar de atraer a la mujer o como un intento de evitar que el asesino en el asiento trasero la ataque. El personaje que intenta atraer la atención de la mujer cambia de una región a otra y de una década a otra. En algunas historias, es un conductor de camión corpulento o un hombre de aspecto rudo, lo que agrega peso a la amenaza percibida. De vez en cuando y de manera más controvertida, se dice que el hombre es negro. Una vez más podemos ver que, el subtexto refleja actitudes sociales (a menudo de clase media) y, en este caso, revela una antipatía inherente hacia las personas consideradas de clase baja o de minorías étnicas.

A veces, el final de la historia tiene lugar en una estación de servicio donde el asistente detecta que algo anda mal y trata de alertar a la conductora solitaria mediante algún ardid extraordinario. En una versión, el asistente le informa a la mujer que el dinero que ha usado para pagar la gasolina es falso y esto le permite alejarla del automóvil de manera segura. A veces, un hombre que está llenando su automóvil ve algo en el asiento trasero y guía al conductor para que se aleje. En otra versión, mientras la mujer acelera por la carretera, el hombre del coche que la persigue baja la ventanilla y exige que la mujer siga sus movimientos exactos. Lo hace y, al imitar la conducción errática del coche de delante, consigue desalojar al agresor, armado con un hacha u otra arma letal, del techo del coche. Y finalmente otra variación de esta historia tiene lugar en un aparcamiento en el que las herramientas del asesino se encuentran en el asiento trasero después de que una mujer regresa de una expedición de compras.

El autoestopista fantasma

. . .

Leyendas Urbanas Misteriosas

The Phantom Hitchhiker (o The Vanishing Hitchhiker) es quizás la leyenda urbana más famosa de todos los tiempos y 15. una que a menudo se cuenta como una simple historia de fantasmas o como un verdadero fantasma.

Es una Leyenda Urbana, quizás la única que ha hecho el traslado al reino de la pura historia de fantasmas. La historia se remonta, al menos, a la década de 1930, pero puede que sea más antigua. La idea básica del fantasma que desaparece es anterior a la era del automóvil, pero, con el uso generalizado del automóvil, la historia se ha extendido hasta el punto en que se informa de sucesos en todo el mundo. Los orígenes de estas historias se encuentran en los cuentos del Ghost Rider, en el que una joven salta sobre un caballo y pasa por un lugar "embrujado".

Luego desaparece cuando el jinete masculino llega a su destino. Estos cuentos de Ghost Rider son predominantemente de finales del siglo XIX y pueden reflejar temores masculinos de perder terreno frente a mujeres recién empoderadas. Pero también se podría argumentar que refleja fantasías sexuales masculinas nacidas de una era represiva y moralmente religiosa que se sintió amenazada por nuevas ideas como el darwinismo. De cualquier manera, es un subtexto predominantemente masculino que se revela.

. . .

Incluso hay una versión china más antigua en la que el fantasma de una hermosa joven camina detrás de un hombre mientras viaja por una carretera hasta desaparecer frente a la casa de sus padres más adelante en la carretera. Entonces su padre le dice: la joven que ha estado muerta alguna vez. Es importante señalar aquí que ella camina detrás de él, al igual que la joven autoestopista se sienta a menudo en el asiento trasero del automóvil. Otra versión de The Phantom Hitchhiker aparece en la Biblia, Hechos 8: 26-39. El apóstol Felipe bautiza a un etíope que lo recoge en un carro y luego desaparece rápidamente. En Rusia, a finales del siglo XIX, una versión de la leyenda se ocupaba únicamente del tercer acto, restringiendo el elemento autoestopista, a una mención pasajera en el diálogo.

Un sacerdote llega a una casa para ofrecer los sacramentos a un enfermo y descubre que la mujer que lo envió allí está, de hecho, muerta.

El hombre, perfectamente en forma, que le dice esto, su hijo, es presa del terror y muere esa noche.

. . .

El sacerdote tiene que ofrecer el sacramento

Existen numerosas versiones de The Phantom Hitchhiker.

Es la Leyenda Urbana la que tiene más variaciones que cualquier otra, teniendo en cuenta fantasmas, profecías e incluso (en una versión de la década de 1960) a Jesucristo quien, como un misterioso extraño, aparentemente está buscando un ascensor en algún remanso remoto.

Estos cuentos parecen aprovechar la idea de almas perdidas que deambulan por el mundo, personas que han encontrado muertes prematuras en la carretera o en la guerra (a veces, el autoestopista es un soldado que regresa de la guerra).

Un hombre conduce por un camino rural de camino a casa cuando se detiene para recoger a un autoestopista.

El autoestopista le dice al hombre que vive en una casa de unos pocos. millas por la carretera. Partieron. El autoestopista permanece en silencio durante todo el viaje. Cuando el hombre. llega a la casa y se vuelve para decirle al autoestopista que han llegado solo para descubrir que su pasajero ha desaparecido misteriosamente. Desconcertado, el hombre decide ir a la casa y contar a los ocupantes lo sucedido.

Al escuchar la descripción del hombre de su pasajero descarriado, la gente de la casa le dice que el autoestopista era su hijo, pero que había estado muerto durante años y que el hombre no es la primera persona en tener una experiencia similar.

En la mayoría de los informes, sin embargo, la autopista es una mujer joven que elige sentarse en el asiento trasero del automóvil y, por lo tanto, puede desaparecer sin que el conductor se dé cuenta.

A veces hay un conductor y un pasajero, lo que obliga a la joven a sentarse en el asiento trasero. En numerosas versiones del cuento, el autoestopista fantasma deja alguna prueba física de su presencia, por ejemplo, un libro. Un objeto de "prueba" en una variación del cuento de la década de 1940 es un abrigo. Cuando el autoestopista, de nuevo una mujer joven, le dice a su conductor que tiene frío, él le ofrece su abrigo, que ella acepta agradecida. Cuando pasan por un cementerio, ella les pide que se detengan un momento o dos. Ellas hacen. Ella sale y se adentra en la oscuridad. El conductor y su acompañante (otra variante) esperan, pero pronto se les acaba la paciencia y van a buscarla solo para encontrar el abrigo sobre una piedra de cabeza cuyo nombre coincide con el nombre dado anteriormente por la joven autoestopista.

Una variación de esta leyenda tiene palabras proféticas pronunciadas por el misterioso pasajero que generalmente están relacionadas con un desastre futuro. Esta variación tiene sus fuentes en la historia antigua, ya que la profecía es una parte inherente de muchos cuentos antiguos. A veces, el conductor es un vendedor; otras veces es taxista. A veces es una pareja, y el conductor masculino juega el papel dominante al hacer preguntas y entablar conversación con el autoestopista.

Y las propias autopistas van desde mujeres jóvenes tranquilas que son, en el mejor de los casos, taciturnas, hasta hombres más locuaces que predicen algo milagroso. En un cuento (de 1942) una pareja lleva a un hombre solitario que luego les dice que la guerra terminará en julio y que esta predicción se hará realidad con tanta seguridad como que tendrán un hombre muerto en el automóvil antes de llegar a casa.

. . .

El personaje desaparece, pero más adelante en el camino, una ambulancia viene de otra manera y se estrella en una zanja. El conductor de la ambulancia pide a la pareja que lleve al paciente al hospital más cercano, pero el paciente muere en el coche en el camino.

El coche de la muerte

Como ya se mencionó, la proliferación del automóvil ha traído numerosas leyendas urbanas sobre su uso y propiedad. El Death Car es uno que no es tan famoso como The Phantom Hitchhiker, pero, durante un tiempo, fue casi tan común. Tiene una tendencia a desaparecer durante largos períodos de tiempo y luego resurgir solo por períodos cortos.

Un amigo de un amigo compró este magnífico Aston Martin por solo £ 500. La razón por la que era tan barato era que lo habían encontrado en un campo no muy lejos del M25 con un cuerpo en el asiento del conductor. Nadie puede deshacerse del olor a muerte que contiene y por eso es tan barato.

. . .

Una vez más, la historia básica sigue siendo la misma, pero el tipo de automóvil, el valor y su ubicación varían.

A veces, el cadáver en el asiento del conductor es un suicidio, en otros relatos, una víctima de asesinato.

En algunas versiones hay una horrible mancha de sangre que, a pesar de los vigorosos intentos de eliminarla, permanece obstinadamente a la vista. En varias versiones, el automóvil se trae de un taller de poca reputación y debe devolverse, solo para revenderlo a otro cliente que también se queja del olor y que también lo devuelve.

Con este cuento, es difícil precisar un subtexto que no sea, quizás, uno de contaminación al entrar en contacto con algo tan espantoso. Algunas personas sienten fascinación por coleccionar artículos que tienen una historia espantosa. También existe el atractivo de adquirir algo tan barato, siempre una motivación popular, pero el mensaje adicional es que uno no puede esperar de manera realista tener algo tan barato sin un aguijón en la cola o ataduras.

La historia encarna la idea de caveat emptor y puede que no tenga un significado más profundo.

. . .

Se puede extraer un significado más obvio de un automóvil relacionado Legend The Philanderer's Porsche (u otra marca costosa) en el que la idea subyacente es una simple venganza y obtener ventaja de la desgracia de otro: verdadera schadenfreude. Se ve un anuncio en un periódico de un Porsche de 50 libras esterlinas.

El interesado se desplaza hasta la casa (tenga en cuenta que no hay colas enormes) y pregunta por el precio. Una mujer les muestra el magnífico vehículo y se hace el trato. El nuevo dueño le pregunta al viejo por qué se vende tan barato y le dice que el esposo de la mujer se escapó con su secretaria (amante, amante, etc.) y le dijo que vendiera el automóvil (a veces la casa también y otras posesiones costosas).) y envíale el dinero. Las campanas de advertencia suenan inmediatamente sobre la veracidad de esta historia. ¿No sería más probable que el marido filántropo partiera en su Porsche? ¿De verdad esperaría que su esposa abandonada vendiera la casa y la vendiera de manera justa? ¿Realmente le enviaría el dinero? ¿No vendería, en realidad, el coche a un precio más alto y simplemente se quedaría con el dinero ella misma? Como antes, vemos los problemas de lógica que surgen cuando se estudia más de cerca cualquier leyenda urbana.

. . .

La advertencia en esta historia es contra la infidelidad en el matrimonio y qué esperar si uno se desvía del camino.

Una vez más, podemos detectar una advertencia al hombre para que tenga cuidado con las mujeres o, alternativamente, podemos ver esto como nada más que una buena historia de venganza pasada de moda, un tema tan antiguo como la humanidad.

De hecho, se podría argumentar que la única persona con algún control en la historia es la esposa. El verdadero control sobre las posesiones conyugales recae en ella.

7

El tema de la desnudez

Algunas Leyendas Urbanas no están llenas de figuras asesinas, descubrimientos espantosos o contaminación y deben más a la noción de farsa o comedia a través de la exposición pública del cuerpo desnudo del protagonista.

Este es un miedo que todos hemos experimentado en algún momento y que a menudo se expresa en sueños vívidos como una vergüenza universal de "exposición" aterradora, de revelarnos a los demás. Nuestra guardia está baja y, por lo tanto, somos vulnerables. Se nos muestra como realmente somos y no como nos gustaría que los demás nos vieran. Estamos literalmente desnudos.

. . .

Muchas de estas leyendas urbanas basadas en desnudez se han vuelto a publicar en películas, comedias de situación de televisión y anuncios.

Hay dos leyendas urbanas famosas basadas en desnudez. El primero es The Stranded Man y el segundo es The Nude Surprise Party.

Un soltero que vive en un bloque de pisos de gran altura se está bañando y, por lo tanto, se ha desnudado. Oye que le entregan el periódico (o cartas) y, una vez que ha salido al pasillo para recogerlo, la puerta se cierra de golpe detrás de él. Por supuesto, ahora está bloqueado dejándolo varado.

Esta historia apareció en la novela rusa The Tivelve Chairs de Ilya Ilf y Yevgenii Petrov y en la película de Mel Brooks del mismo nombre, lo que puede haber contribuido a su autenticidad y, de hecho, a su propagación. Una versión estadounidense de esta historia tiene a una mujer como protagonista a punto de lavar la ropa.

(Observe que es una mujer en una situación doméstica nuevamente).

Esta Leyenda Urbana tiene la sensación de una broma.

Una ama de casa decide hacer su colada y baja al sótano con sus cañerías goteando donde llena la lavadora y decide echar a la colada el vestido que lleva puesto. Ve el casco de fútbol americano de su hijo y se lo coloca en la cabeza. Así que allí está completamente desnuda excepto por el casco de fútbol americano cuando oye toser. Se da la vuelta y se encuentra mirando fijamente a la cara del fontanero. Mientras se dirige a la puerta, su único comentario es: "Espero que su equipo gane, señora".

¿Por qué, debemos preguntarnos, se sentiría mejor colocándose un casco de fútbol americano en la cabeza y no cubriéndose con una bata? ¿Y no sabría ella que había un fontanero en la casa? Etcétera. Una vez más, vemos cómo ciertos aspectos de la historia comienzan a desmoronarse bajo un cuidadoso escrutinio.

En The Nude Surprise Party la desnudez no se revela a una sola persona. El protagonista suele estar expuesto a un gran grupo de personas y, para empeorar las cosas, el grupo está formado por amigos y familiares.

. . .

Los cuentos varían en longitud, pero por lo general tienen una trama básica.

Un hombre de negocios, que se siente desanimado porque todos parecen haber olvidado su cumpleaños, es invitado a tomar una copa por su comprensivo secretario.

Ella lo lleva a un lugar fuera de la ciudad para almorzar y tomar unas copas. En el camino de regreso a la ciudad, la secretaria invita al hombre a volver a su casa para tomar otra copa. El hombre está de acuerdo. Cuando llegan, la mujer le prepara la bebida prometida y luego le dice que se va a meter en algo más reconfortante. No mucho después de que ella reaparezca con un pastel de cumpleaños, la esposa del hombre, los hijos y los colegas de negocios descubren que el hombre vestido solo con sus calcetines ha malinterpretado la situación.

En la mayoría de los casos, es la 'secretaria' quien asume el papel de pseudo-tentadora la que empuja al hombre a una situación embarazosa, pero, como sostiene el profesor William Hugh Jansen de la Universidad de Kentucky, esto es un reflejo de la mentalidad masculina.

. . .

El hombre ha subestimado la memoria de su esposa, sobreestimó la flexibilidad de su secretaria y sobreestimó su propio atractivo sexual. Esto también es evidente en otra versión de Legend.

Un nuevo miembro del personal, un joven, ha venido a trabajar a una oficina. Su secretaria es una atractiva joven soltera. Él la invita a salir en numerosas ocasiones y ella se niega siempre. Hasta que finalmente invita al joven a cenar a su apartamento. Durante toda la comida, ella insinúa una sorpresa para él. Ella se disculpa diciéndole que va a preparar su sorpresa. Confundiendo sus intenciones con los de naturaleza sexual el joven se desnuda. A través de la puerta del dormitorio, la oye preguntarle si está listo. Él confirma que lo es.

Ella abre la puerta y revela que todo el personal de la oficina se reunió allí para celebrar su cumpleaños.

Una versión de esto se utilizó recientemente como base de un anuncio en la televisión del Reino Unido para una marca particular de medicamento. Una variación de la historia sorpresa: una especie de puente.

. . .

La historia entre The Stranded Man y The Nude Surprise Party es la historia de una pareja que cuida niños y que están retozando desnudos cuando suena el teléfono. En el otro extremo está la madre (ya sea de la niña o del niño en cuya casa se desarrolla la historia) quien les pide que bajen al sótano para apagar algún electrodoméstico, generalmente una lavadora. Ambos desnudos bajan las escaleras (a menudo a cuestas) solo para hacer el impactante descubrimiento de que sus familias están abajo dando una fiesta sorpresa. A veces un sacerdote está en el grupo familiar para enfatizar la advertencia sobre la moralidad y la falta de moderación sexual que ejerce la joven pareja. Algunos han sugerido que bajar al sótano se puede interpretar como un símbolo freudiano. En la mayoría de las versiones del cuento, la niña es la que termina teniendo un ataque de nervios, pasando los próximos años en una institución mientras, la mayoría de las veces, el niño se va de la ciudad y nunca más se lo ve ni se supo de él. También se puede leer un choque de generaciones en este cuento o un relato revelador de los conflictos que surgen entre los valores tradicionales y los de una presunta generación joven. En cada incidente de esta Leyenda Urbana es la moralidad de la generación mayor la que triunfa, lo cual es extraño si se considera que la historia casi siempre la cuenta la generación más joven.

. . .

Un subtipo de la leyenda urbana de la desnudez es el desnudo de identidad equivocada. Por extraño que parezca, estos cuentos a menudo involucran a un hombre de la tela. En el clásico de este tipo, un hombre lleva a su ministro / sacerdote / rabino / vicario a casa para cenar después de ayudarlo a hacer un trabajo manual pesado en la Iglesia / Templo. El hombre invita al ministro a usar la ducha del piso de arriba. La esposa que oye a su marido llegar a casa, pero sin darse cuenta de lo que ha sucedido, escucha la ducha en uso y se dirige al baño. Sintiéndose amorosa, alcanza alrededor de la cortina de la ducha y agarra el pene del bañista. Tirando de él un par de veces, dice '¡Ding dong, campana de la cena! o algo obsceno y lascivo. Al salir del baño, descubre a su marido subiendo las escaleras. Esto es similar a la historia más famosa de la mujer que regresa a casa para ver quién cree que es su esposo trabajando debajo del automóvil. Ella se agacha y le desabrocha las moscas y tira del pene del hombre.

Riendo para sí misma, entra a la casa solo para descubrir a su esposo sentado en una silla y leyendo el periódico.

8

El tema del cadáver

La muerte es a menudo un tema tabú, especialmente en las culturas occidentales, donde se convierte en algo para dejar de lado e ignorar. Cuando sucede, el proceso de muerte se entrega a otra persona para que se ocupe de él (médico, enfermera, médico forense, funerario). El miedo a la muerte es tan grande como siempre a pesar de los avances médicos y la mejora de la esperanza de vida. Este tipo de historias han cobrado vida para reflejar nuestro miedo al proceso de muerte y esto se expresa mejor en The Runaway Grandmother. A menudo se las conoce en broma como historias de pérdidas muertas.

Una familia, una madre, un padre, dos hijos y una abuela están de vacaciones en el extranjero.

. . .

En algún momento del viaje, uno de los niños dice que la abuela no se despierta. Al descubrir que ha muerto, la familia decide envolverla en un saco de dormir y asegurarla en el techo del coche, con la intención de informar de su muerte tan pronto como entren en la siguiente ciudad. Cuando finalmente llegan a la siguiente ciudad, van inmediatamente a la policía, pero al regresar a la calle descubren que el auto ha sido robado y la abuela con él. El auto nunca se encuentra.

Se informan versiones de esta historia de todo el mundo. Algunos se remontan a la Segunda Guerra Mundial, en la que las personas que huyen de los territorios ocupados tienen que envolver a un pariente muerto en una manta, pero les roban el cadáver en una estación de tren. Sin embargo, los orígenes de los cuentos se remontan a los siglos XVIII y XIX cuando adoptan el punto de vista de los ladrones que, creyendo haber robado alguna posesión valiosa, se sorprenden al descubrir que han robado un cadáver.

Un elemento importante es la falta de emoción que la familia parece tener hacia su pariente fallecido. El cadáver siempre se coloca en el techo casi de inmediato y sin gran debate, como si tuvieran miedo de su proximidad a la muerte.

Siempre se menciona el hecho de que la familia ahora tiene más espacio, que se les ha quitado una carga. Y en todos los casos nadie parece estar tan molesto por el hecho de que el auto y sus otras posesiones hayan sido robados, un precio que quizás se haya pagado por deshacerse de la abuela. El subtexto aquí es uno de rechazo a la vejez. En una sociedad orientada a la juventud, la edad es algo que debe evitarse y las personas mayores se consideran inútiles, que no ofrecen nada a la sociedad en su conjunto. El ladrón anónimo quizás representa al tercero que se ocupa de los cuerpos de los fallecidos: los funerarios, etc. La familia no tiene que molestarse ni siquiera en abordar las responsabilidades del funeral o el proceso de muerte de la abuela; alguien lo ha hecho por ellos. Alan Dundes también interpreta estos detalles como una crítica del interés principal de los estadounidenses en sus parientes como nada más que una fuente de dinero a través de una herencia. En un sentido muy literal, son desechables.

Algunos cuentos tienen un tercer acto más desarrollado en el que los familiares, ansiosos por llevar el cuerpo a casa, lo devuelven, pero se pierde en el camino. O, más horriblemente, el cuerpo es incinerado y devuelto como cenizas a algunas relaciones. Cuando la familia regresa, los parientes les dan las gracias por enviarles un "maravilloso curry en polvo" o una especia tan magnífica ".

Este elemento se conoce por un relato del Renacimiento en el que un hombre envía a casa a su amigo muerto y desmembrado en una variedad de frascos de encurtidos. En el barco a casa, se roban los diversos frascos y se comen su contenido.

Esto tiene enlaces directos a The Dead Cat in the Package o Cat Parcel en el que se debe desechar una mascota recién fallecida. Existen varias formas, pero la historia básica es sencilla.

Un individuo, a menudo una solterona o una mujer solitaria, tiene un gato que adora. Cuando muere la pobre criatura, decide que hay que enterrarla fuera de la ciudad porque la ley local prohíbe deshacerse de los restos de animales en la calle. El gato está envuelto en un papel de envolver o en una caja. Al salir de la ciudad, la mujer se detiene en una tienda departamental para hacer ping de compras y un ladrón le roba el paquete. Resuelto su problema, aunque no de la forma que había planeado, decide irse a casa. Al salir de la tienda, descubre una multitud de personas. Al abrirse paso, ve a una mujer grande colapsada en el suelo, el paquete se ha abierto y el cuerpo del gato es visible.

. . .

Como antes, varias acciones extrañas revelan que la historia no es más que una Leyenda Urbana. ¿No debería un pueblo o ciudad tener un proceso para la eliminación de animales muertos? ¿Por qué la mujer que se ha derrumbado siempre tiene sobrepeso? Una vez más se castiga a una mujer, en este caso por 'hurto.

Numerosas versiones también tienen el paquete sustituido por un 'premio'. En la mayoría de los casos, se trata de un gran trozo de carne, generalmente jamón. En una versión de la historia, un hombre que viaja al trabajo ofrece arrojar el cuerpo del gato de la familia por el costado del ferry, pero no lo hace. Después de dejarlo accidentalmente en el estante de paquetes, lo muerde y agarra el paquete solo para descubrir más tarde, cuando está a punto de arrojar a la desafortunada criatura a la bahía, que hay un trozo de carne en el paquete.

A veces, el acto de robar el paquete es más obvio y el ladrón obtiene su merecido casi instantáneamente. El subtexto universal de todos estos tipos de historias de que "robar está mal" se hace evidente de inmediato. 'Mira lo que les sucede a los ladrones es el mensaje claro que brindan las narrativas.

. . .

Aunque los protagonistas principales de este tipo de Leyendas suelen ser mujeres, las historias tienen poco o ningún sentimiento sexista abierto y obvio.

Una versión más cómica de la leyenda tiene una familia que regresa de un picnic con una selección de hongos silvestres o hongos. Sin saber si estas cosas son venenosas o no, le dan una o dos al gato. No le pasa nada al gato, por lo que la familia cocina el resto y se deleita con él. En algún momento, uno de los miembros de la familia mira por la ventana y ve el gato muerto en el camino de entrada. Todos se apresuran al hospital para que les bombeen el estómago y regresan más tarde agotados y sintiendo lástima de sí mismos, solo para descubrir que el lechero había atropellado accidentalmente al animal unas horas antes. Una historia similar, se recordará, inventó un episodio de Fawlty Towers.

9

Algunas otras leyendas famosas

MICROONDAS PARA MASCOTAS / bebés

Subtipo Teens In Peril.

Este a menudo se clasifica bajo el tema de los adolescentes en peligro, pero tiene un contexto más amplio que ese, ya que sus protagonistas principales no siempre son los adolescentes. Al igual que The Phantom Hitchhiker, es una de las leyendas urbanas más famosas y celebradas y, debido a su simple premisa, se ha informado en todo el mundo.

. . .

Una anciana a la que miembros de la familia le han regalado un microondas coloca su caniche mascota recién bañado y todavía mojado en el horno para secar la criatura. Después de varios minutos abre la puerta para descubrir, por supuesto, que la pobre criatura ha sido cocinada hasta morir.

Antes del uso de microondas, las historias involucraban a animales que se metían en hornos de gas o lavadoras donde se encontrarían con un final desesperado a manos de un usuario desprevenido de ese dispositivo, ya sea una anciana o un niño servicial. A pesar de que el microondas se ha convertido en el aparato favorito de las historias, los dos tipos de protagonistas siguen siendo los mismos. Allí también hay historias de ciertos individuos que intentan secarse el cabello usando un microondas y que sufren las fatales consecuencias de sus acciones u otros que trabajan demasiado cerca de la puerta abierta de un horno microondas. (Estas) versiones ignoran el hecho inconveniente de que las máquinas no funcionan a menos que la puerta esté cerrada.) Todo esto representa un miedo irracional a la tecnología moderna y una ignorancia general de lo que pueden hacer las microondas, evidenciada en los espeluznantes relatos de mascotas o animales que explotan. globos oculares.

. . .

La otra versión célebre es The Wayward Babysitter que, generalmente drogada con alcohol o marihuana (en la década de 1960, la niñera, una hippie, siempre estaba drogada con LSD) termina 'cocinando al niño que está cuidando'.

Una vez más, tenga en cuenta que el personaje infractor es femenino.

Una pareja contrata a una niñera para que cuide de su hijo pequeño y salga a cenar. A mitad de la noche, la madre llama a casa para ver si todo está bien y la niñera le dice que ha llenado el pavo y lo ha puesto en el horno.

La madre no recuerda haber comido un pavo, por lo que asume que algo anda mal y la pareja se dirige a casa para descubrir que la niñera ha cocinado a su bebé.

Algunas versiones tienen a los padres llegando a casa justo a tiempo para salvar a su bebé y la única variación en el tema de las drogas es una historia en la que la niñera se vuelve loca por el simple hecho de que el bebé no deja de llorar. por mucho que intente calmar al niño.

· · ·

Una variación célebre de Pet In The Microwave es el Poodle In The Restaurant en el que una pareja entra en un establecimiento de comida (generalmente en un país extranjero para facilitar el malentendido) y pide una comida. Uno de la pareja señala al perro y luego a su propia boca a modo de indicar que el perro también debería comer algo. El camarero obedece y lleva al perro a la cocina. Aproximadamente media hora después, el camarero regresa con una fuente en la que descansa el caniche, ya cocido, para horror de la pareja. Aquí se expresa el miedo a los extranjeros y sus costumbres. La historia generalmente se ubica en el Este, particularmente en Corea, donde las opiniones estereotipadas sobre la cocina de esa nación permiten que la historia gane credibilidad. Hay una versión africana de este cuento en la que una mala traducción de una frase que podría ser 'sentar al bebé o' cocinar al bebé 'da como resultado una conclusión no demasiado sorprendente.

Aquí hay una mezcla de preocupaciones modernas (sobre tecnología) con temores más antiguos (de abandono y muerte infantil). Con The Wayward Babysitter, el aborrecimiento de la sociedad por las drogas se manifiesta. La advertencia es que las drogas son peligrosas, no para el consumidor, sino para quienes las rodean, en otras palabras, para la gente "normal" y trabajadora de la clase media.

Esto tiene eco en las leyendas modernas, que se publican con frecuencia en los periódicos sensacionalistas, sobre la gente que está drogada. Cannabis enloquecido con pistolas y espadas.

Caimanes en las alcantarillas

Contaminación

La leyenda sobre la cría de caimanes en las alcantarillas de Nueva York ha existido desde al menos la década de 1960. Thomas Pynchon hace una referencia a él en su novela de 1963 V. La leyenda todavía circula hoy.

Los visitantes de Florida trajeron a los caimanes bebés de regreso a Nueva York como mascotas, luego, al descubrir que eran difíciles de cuidar o que simplemente estaban cansados de ellos, arrojaron a las criaturas por el inodoro.

Los caimanes se establecieron en las profundidades de las calles, se alimentaron de las ratas y se han reproducido hasta el punto de que ahora es letal aventurarse en las alcantarillas de la ciudad de Nueva York.

Las historias de bestias que acechan donde no deberían haber existido desde tiempos inmemoriales y reflejan temores primitivos sobre el mundo y la oscuridad más allá de la cueva. Los seres humanos están amenazados por la naturaleza, pero no por ahí, ahora la amenaza está directamente debajo. A raíz de los acontecimientos del 11 de septiembre de 2001, los caimanes en las alcantarillas de Nueva York pueden volver a cobrar protagonismo a medida que el miedo al terrorismo sigue aumentando, el miedo a la amenaza interna en lugar de la amenaza externa.

Con este cuento las variaciones tienden a ser mínimas. Un simple cambio que ha ocurrido es que los caimanes mismos se han vuelto albinos o ciegos. En términos evolutivos, esto llevaría mucho tiempo y se basa en un malentendido de cuánto tardan las criaturas en adaptarse a la oscuridad. Una vez más, como suele ser el caso de narraciones así, pronto comienzan a aparecer fallas lógicas en las historias. ¿Podría un animal de climas más cálidos sobrevivir en un ambiente oscuro y frío? ¿Sobreviviría un caimán joven al trauma de ser arrojado a un hábitat sombrío? Sin embargo, se continúan reportando historias nuevas y reales que parecen brindar cierto apoyo a quienes creen en las Leyendas. La revista Time del 21 de junio de 2004 publicó un artículo sobre un cocodrilo que había estado suelto en las calles de Hong Kong.

El cocodrilo Yeun Long había atraído una gran atención de los turistas y las autoridades en igual medida. Había evadido la captura durante algún tiempo antes de que finalmente fuera acorralado.

Rata frita de Kentucky

Contaminación

A medida que nuestro procesamiento de alimentos se vuelve más impulsado por la tecnología, tenemos una tendencia a preocuparnos por los métodos empleados.

Existe la sensación real de que la mecanización de la fabricación de alimentos moderna la hace más "ajena". El auge de las comidas instantáneas preparadas por otros es ahora la norma. Las líneas de montaje, los establecimientos de comida rápida y las comidas preparadas transfieren todo el proceso a manos invisibles. Esto, a su vez, alimenta un cierto nivel de paranoia. Ha habido muchas historias de terror, destacadas en documentales de la televisión nacional, para agregar peso a nuestras sospechas de que no todo va bien en la industria alimentaria. La leyenda básica sigue estas líneas:

Una pareja se detiene en un establecimiento de comida rápida y pide un bocadillo de pollo frito. El marido vuelve al coche. Mientras comen, la esposa dice: "Mi pollo tiene un sabor raro", pero ella continúa comiendo. Después de que ella se queja una vez más, el esposo dice: 'Déjame verlo'. Al encender la luz de cortesía, descubre que su esposa no ha estado comiendo un pollo sino una rata, bien enharinada y frita. La mujer entra en estado de shock y es trasladada de urgencia al hospital.

A veces, en este punto de la historia, los abogados de la empresa de comida rápida aparecen y ofrecen al marido una gran suma de dinero para que se quede callado y el personal del hospital es amenazado, mientras que la mujer permanece en la lista crítica. En algunas variaciones, ella muere y el narrador termina la historia con el elemento de suspenso de que el esposo ahora lleva a la compañía de comida rápida a los tribunales.

En algunas versiones de la Leyenda, siguen las razones por las que la rata está allí. A veces se debe a la fumigación: el establecimiento de comida rápida está plagado de roedores y la única forma de curar el problema es mediante el exterminio masivo.

. . .

La rata, sucumbiendo al veneno, cae de la maquinaria a la mezcla para rebozar para freírla y servirla. Otras variaciones ofrecen razones más siniestras. Un empleado descontento que puede haber sido ignorado para un ascenso o que tiene rencor contra su jefe trae una rata que ha encontrado y deja caer al animal fallecido en la mezcla. Las versiones para adolescentes a menudo tienen una pareja joven en casa en una situación romántica haciendo el espantoso descubrimiento que recuerda a La muerte del novio y El gancho.

Una vez más, como en muchas de las Leyendas, es la mujer quien hace el terrible descubrimiento. Como sugiere Fine, al descuidar su papel tradicional como preparadora de alimentos, ayuda a destruir a la familia al permitir la transferencia del control del hogar a corporaciones morales con fines de lucro - la rata es un castigo simbólico apropiado - una vez más se revela una visión patriarcal de la mujer como subtexto de la Leyenda. Para agregar peso a este argumento, una versión tiene a una esposa perezosa que sirve pollo de comida rápida, generalmente en un entorno con poca luz, en un intento de hacerlo pasar como propio, solo para terminar comiendo una rata frita como castigo por su comportamiento rudo.

. . .

Las versiones europeas de la historia tienen diferentes contaminantes en los alimentos. En el Reino Unido, tiende a ser carne de extraterrestre en el curry, generalmente de perro. En otros países, puede ser un hueso de rata que deba extraerse de la garganta de la víctima. En este lado del Atlántico, las historias suelen reflejar una desconfianza hacia los restaurantes de extranjeros, son todos pequeños negocios de propiedad privada dirigidos por forasteros. En los Estados Unidos, las historias de contaminación de alimentos se basan en los temores de las poderosas corporaciones impersonales sin rostro. Esto puede cambiar en los próximos años: el miedo a esas corporaciones impersonales, con toda probabilidad, se convertirá en un miedo al forastero. Las historias de Kentucky Fried Rat y otras historias de contaminación de alimentos bien pueden adoptar un trasfondo siniestro, por ejemplo, los perpetradores de los crímenes o terrorismo alimentario serán todos descendientes de Oriente Medio.

El avión de pasajeros

El avión de pasajeros fantasmal es otra leyenda urbana que entra en la categoría de historia de fantasmas. En su relato queda claro que se centra en el miedo de la gente a volar y en una profunda desconfianza hacia la maquinaria.

También se relaciona con historias como La rata frita porque revela una sospecha sobre los poderosos fabricantes de aviones en cuyas manos los pasajeros ponen sus vidas cada vez que vuelan. Como hay bromas sobre Friday Cars, vehículos que se montan apresuradamente al final de la semana, ¿podría existir un Friday Plane? Aunque viajar en avión sigue siendo la forma más segura de viajar, sigue siendo una idea aterradora volar cinco millas sobre la tierra con otra persona al mando. Nuestras vidas realmente están en manos de otros. ¿Pueden hacer su trabajo correctamente? ¿Saben lo que están haciendo?

Un avión de pasajeros se había estrellado en algún lugar matando a un buen número de personas a bordo, incluidos los pilotos, pero el avión en sí no fue destruido.

La aerolínea decidió ahorrar dinero reconstruyendo el avión y poco después de que volviera a estar en el aire.

Pronto, los pasajeros comenzaron a escuchar ruidos extraños, incluidas las voces de los que habían muerto en el accidente anterior. Al poco tiempo, la gente dudaba sobre volar en ese avión en particular y la costumbre desapareció. El avión finalmente fue puesto fuera de servicio y ahora se oxida en un hangar en alguna parte.

¿Realmente una aerolínea reconstruiría un avión que había sufrido un accidente y lo volvería a poner en servicio? ¿Cómo sabrían otros pasajeros que las 'voces que escucharon' eran del accidente? Para hacer la historia un poco más creíble, algunas variaciones tienen partes del avión derribado actuando como repuestos en otros aviones de la flota. Una manija de puerta aquí, un asiento allí y un pestillo particular en otro lugar. Puede parecer más creíble que una aerolínea ahorraría dinero usando el avión accidentado como repuesto, pero, por supuesto, no lo haría. Los investigadores de accidentes y la FAA o la CAA se encargarían de eso. En otra versión más de la historia, el fantasma del Capitán advierte a una azafata que ciertos componentes del avión están defectuosos y, efectivamente, cuando el avión aterriza, las advertencias son ciertas.

El motivo de las piezas de repuesto es uno que aparece en varias otras leyendas urbanas, como las que se construyeron alrededor del Porsche de James Dean después de su accidente fatal. La historia cuenta que varias partes fueron saqueadas de los escombros y utilizadas en otros lugares en otros vehículos. Todos los autos que tenían las piezas de repuesto instaladas en ellos también chocaron y terminaron matando o mutilando a sus dueños.

. . .

Accidentalmente divertido

Otra forma más precisa de leyenda urbana es el accidente divertido, una forma de historia que se ha desarrollado y crecido en los últimos años, particularmente a través de Internet, donde a menudo aparece como Xerox o Internet Lore. Son historias humorísticas, pero, a diferencia de las bromas, no tienen un chiste. Son solo incidentes divertidos. Ejemplos de esto incluyen la historia del hombre que se rompió una o más extremidades después de arrojar una cuerda sobre su casa y atarla al parachoques de su auto para poder ser izado. para arreglar una antena de televisión o un techo con goteras, solo para que su esposa se fuera en el auto.

(Tenga en cuenta que, una vez más, la culpa es de la mujer). Esta puede ser una historia divertida, pero, bajo un examen más detenido, parece totalmente ridícula.

¿Por qué no usar una escalera? Estas historias siempre involucran a un individuo que tiene un comportamiento ridículo y es más probable que las Leyendas aparezcan, sin control, como noticias sensacionalistas.

· · ·

Otros ejemplos de este tipo de narrativa son los que aparecen en Winnebago Lore, un subconjunto creciente de historias que abarcan claramente los temas de la desnudez y Leyendas de la carretera y también incluyen excusas de seguros - las historias tontas de personas que hacen reclamos ridículos en su seguro – entre otros. La historia más popular recientemente se refiere a un hombre que pone su Winnebago en control de crucero, luego va a la parte de atrás para hacer una bebida y se pregunta por qué el vehículo se estrella después de no poder pasar una esquina por sí solo.

10

Las leyendas de las Torres Gemelas

Esta sección incluye algunas de las leyendas urbanas más conocidas que han surgido en torno a los ataques a las Torres Gemelas. En todos estos ejemplos tenemos un punto fijo, una fuente para las historias, una que es muy real para todos nosotros, lo que agrega un gran peso a la credibilidad de las historias relacionadas con la tragedia.

La seriedad emocional está asegurada porque el mundo vio el desarrollo de los eventos en la televisión.

El ataque a las Torres Gemelas sin duda sucedió, entonces, ¿por qué dudar de las historias adjuntas a ese evento monumental?

. . .

Han surgido muchas preguntas de la tragedia y continuarán haciéndolo, pero esto no es sorprendente en ningún caso a tal escala.

Siempre hay una gran cantidad de análisis post mortem de buena reputación, pero esto a menudo se ve empañado por reportajes imprudentes y saltos a conclusiones mal informadas. Las fallas humanas simples en la recopilación de inteligencia a menudo pueden verse como el trabajo subversivo de grandes conspiradores cuando, en realidad, la culpa no es más que la incompetencia. La negación oficial (a menudo un intento de salvar las apariencias y ocultar la incompetencia antes mencionada) se suma a la proliferación de leyendas urbanas y teorías de conspiración. Algunos de ellos se informaron hasta el 5 de junio de 2004, en un artículo sobre un controvertido libro titulado The New Pearl Harbor de David Ray Griffin. Una vez más, una leyenda urbana y la teoría de la conspiración se mezclan perfectamente.

La conspiración judía

Leyenda: A los judíos se les advirtió que no se presentaran a trabajar ese día.

. . .

Esto se debió a que Israel estuvo detrás de los ataques al World Trade Center, pero hizo creer al mundo que era obra de extremistas árabes. Una historia en un "periódico de noticias israelí" informó que miles de judíos habían muerto en los ataques. Cuando esta historia fue posteriormente retractada al día siguiente, esto fue ampliamente interpretado en el Medio Oriente como una filtración inadvertida de que los judíos en el World Trade Center de hecho habían recibido una advertencia y que ninguno había sido asesinado.

Realidad: Osama Bin Laden se ha atribuido la responsabilidad por los ataques a través de numerosos canales de medios. En realidad, no se dio ninguna advertencia. No hay evidencia de participación de nadie más que Bin Laden, al-Qaeda y posiblemente los grupos asociados con su red. Muchos judíos se encontraban entre los asesinados y no se da ninguna referencia al "periódico israelí" específico mencionado. Debe señalarse que los posibles instigadores de este cuento fueron los no musulmanes.

Las leyendas urbanas sobre las conspiraciones judías han existido durante siglos - el documento falso conocido como Los Protocolos de los Ancianos de Sión es un ejemplo notorio - y se han adherido a una serie de áreas de la cultura moderna, desde los medios de comunicación y la banca global hasta el Comunismo y la negación del Holocausto.

¡Advertencia de un extraño!

Leyenda: un misterioso extraño alerta a la gente sobre los peligros que acechan. Existen variaciones salvajes de este rumor, incluidas las advertencias de no beber Coca-Cola, tomar un tren a una hora determinada o ingresar a la ciudad de Nueva York en una fecha específica. Se dice que provienen de un extraño, siempre musulmán, en un supermercado o incluso en otros lugares públicos, y se entregan a quienes lo ayudan cuando le falta cambio o le devuelven la billetera que se le cayó. Variantes de esta historia ocurrieron en el Reino Unido, donde numerosas personas informaron haber sido abordadas por un hombre de origen del Medio Oriente que les dijo que no fueran a una estación de metro en particular en el aniversario de la destrucción de las Torres Gemelas. La ubicación a evitar varió en algunas versiones Canary Wharf, la estación de Paddington, Trafalgar Square y las Casas del Parlamento se mencionan además de las estaciones de metro.

. . .

Realidad: esta es sin duda una leyenda urbana, pero el rumor obligó a organizaciones tan diferentes como Coca-Cola y la policía de West Midlands a emitir declaraciones para disipar los temores de la gente. Sin embargo, hay una pregunta obvia que socava la realidad de la historia.

¿Cuál es la motivación detrás de las acciones del misterioso extraño? El subtexto detrás de la historia es que es posible, si actúas como un buen samaritano, escapar de un posible ataque terrorista. Difunde el miedo a morir en un ataque de este tipo. Se podría argumentar que es una forma de que alguien se sienta emocionalmente parte de este tipo de tragedia, que atiende a una necesidad psicológica de involucrarse. Porque habían ocurrido ataques en todo el mundo, esta leyenda urbana tiene un escalofrío de realidad y, por lo tanto, se vuelve más resistente al escepticismo. También vale la pena señalar que Coca Cola aparece nuevamente en la historia.

Bin Laden en Utah / Arizona / Florida, etc.

Leyenda: Osama Bin Laden ha sido avistado en Utah (y otros estados de EE. UU.). Desde los ataques, se han reportado docenas de avistamientos de Bin Laden en Utah, centrados en el área de Salt Lake City.

La gente local ha informado de que Bin Laden compra o cena en McDonald's. También se le ha informado en muchos otros lugares, el más controvertido en Florida, el gobernador del estado, Jeb Bush.

Realidad: Bin Laden está, con toda probabilidad, vivo y escondido en las fronteras de Afganistán y Pakistán. ¿Por qué Osama Bin Laden debería deambular por un país que desprecia comer alimentos que son totalmente inadecuados para su fe? Bin Laden detesta todo lo que defiende Estados Unidos, entonces, ¿por qué debería estar allí? En cierto modo, esto se asemeja a la misteriosa historia de un extraño en el que se percibe que un extranjero peligroso está invadiendo la santidad y la seguridad de su tierra natal.

Es The Babysitter and the Killer in the House - leyenda remodelada en términos de política global, algo peligroso y asesino acecha en la patria. Sin embargo, en uno de los mensajes sub-textuales de esta historia, se reafirman los valores estadounidenses. Incluso aunque Bin Laden afirma despreciar a Estados Unidos, no puede tener suficiente. Incluso un terrorista importante piensa que el país es grandioso y quiere estar allí. La historia actúa, en definitiva, como un restaurador de confianza.

. . .

Nombres de dominio

Leyenda: Se habían registrado de antemano varios nombres de dominio de Internet relacionados con el ataque. Muchos sitios web de noticias informaron que al menos 17 nombres de dominio diferentes relacionados con los ataques se registraron 15 meses o más antes de los ataques de septiembre de 2001.

Realidad: Ninguno de estos nombres de dominio se relaciona con los ataques del 11 de septiembre, y las Torres Gemelas ya habían sido objeto de un ataque terrorista en 1993, por lo que algunos pueden relacionarse con el ataque anterior. Lo que es cierto es que la gente se apresuró a registrar nuevos nombres de dominio después de los ataques del 11 de septiembre. Two / Twin Towers también podría ser una referencia a El señor de los anillos: el segundo volumen de la trilogía de Tolkien se llama The Tivo Towers. Incluso si los nombres de dominio se hubieran registrado antes del ataque, ¿para qué habría servido? ¿Una advertencia? ¿Por qué advertir a alguien sobre los ataques? Si Bin Laden quería crear la máxima devastación, ¿por qué darles a las autoridades estadounidenses el tiempo suficiente para detener los ataques?

. . .

Bin Laden es propietario de Top Bank

Leyenda: Bin Laden, o la familia Bin Laden, es propietaria de una de las instituciones financieras más grandes del mundo, Citibank.

Realidad: Se cree que el rumor comenzó cuando se supo que el príncipe saudí Alwaleed Bin Talal tenía una participación del 4.8 por ciento de las acciones de Citibank.

Talal informa que no tiene conexión alguna con Bin Laden o cualquier otro grupo terrorista. Sin embargo, se dice que existen lazos de la familia Bush con la familia Bin Laden, lo que añade más leña al fuego. La colusión de instituciones financieras con el enemigo no es un fenómeno nuevo. Bancos como BIS, Chase, Barclay y Westminster estaban haciendo negocios con los nazis durante la Segunda Guerra Mundial. No es un gran salto asumir que lo mismo todavía está sucediendo hoy. ¿Por qué surgió esta leyenda? ¿Cuál es su subtexto? Parece estar relacionado con la historia de Deep Fried Rat o con cualquier cantidad de leyendas adjuntas a Coca Cola. Se considera que una gran corporación tiene demasiado poder. La historia refleja el miedo a que las multinacionales sin rostro exploten al público en general.

En este caso, se puede adjuntar un objetivo más específico en la forma de Bin Laden, que actúa como una especie de diablo en las obras: las corporaciones sin rostro. llevar el rostro del enemigo.

Heridas auto infligidas

Leyenda: El ataque al Pentágono fue organizado por las autoridades estadounidenses. El autor francés Thierry Meyssan, quien avanza la teoría en su libro 9/11: The Big Lie, afirma que el ataque al Pentágono fue obra del ejército estadounidense. Esta teoría también es promovida en The New Pearl Harbor por David Ray Griffin. El ataque se convierte en una versión estadounidense del incendio del Reichstag, organizado por los nazis en 1933 y atribuido a los comunistas. Griffin alega que la historia presentada por el gobierno de EE. UU.

Es imposible, por ejemplo, afirma, el agujero en el costado del edificio es demasiado pequeño y las alas del avión estrellado se habrían movido hacia adelante para crear un sitio de mayor impacto.

. . .

Realidad: Uno de los principales argumentos de Meyssan fue que solo se dañó el exterior del edificio, sin embargo, CNN demostró que esto estaba mal, con fotografías y metraje que detallaban los daños internos. Sin embargo, es poco probable que esta leyenda desaparezca y los desarrollos recientes dentro del mundo de la inteligencia de Estados Unidos, como la renuncia de George Tenet, el jefe de la CIA. se sumará a la especulación y ayudará a que la historia perdure. Al igual que con la controversia que rodea al Área 51, las negaciones oficiales aumentan la legitimidad de cualquier leyenda. Las renuncias políticas y los despidos sugieren, para mucha gente, un encubrimiento.

Sexo de supervivientes

Leyenda: Los hospitales experimentaron un fuerte aumento de nacimientos nueve meses después del 11 de septiembre. Numerosos periódicos. revistas y sitios web afirmaron que, a raíz de los ataques de las Torres Gemelas, cientos de parejas de repente se dio cuenta del valor de la vida y decidió tener un hijo, o simplemente quería más sexo.

. . .

Realidad: Los hospitales de Nueva York y de otros estados no informaron de un gran aumento de nacimientos. Algunos hospitales informaron menos de lo normal. ¿Reflejó The Legend una amenaza percibida para la existencia de los EE. UU.? ¿Un miedo subconsciente de que los ciudadanos estuvieran a punto de ser aniquilados en el 'Armagedón'? Para evitar ser exterminado, la solución obvia es la procreación. Muchos ciudadanos estadounidenses, cuando fueron entrevistados en las calles en ese momento, pensaron que efectivamente había llegado el fin y que el invasor finalmente había llegado. Las historias de embarazos y nacimientos aumentados actúan como garantías de que una forma de vida continuará y no desaparecerá.

Un convicto árabe liberado voló uno de los aviones

Leyenda: Un terrorista árabe liberado fue responsable de los ataques a las Torres Gemelas. Varios medios de comunicación informaron que un terrorista árabe llamado Mahmoud Mohamed Atta, encarcelado de por vida por su participación en un ataque a un autobús en Israel en 1986, había sido puesto en libertad y era uno de los pilotos de los aviones el 11 de septiembre.

. . .

Realidad: Esto no es más que una identidad errónea. Hubo un Mahmoud Mohamed Atta condenado por terrorismo, pero no era el mismo Mohamed Atta involucrado en los ataques al World Trade Center. La historia probablemente refleja el miedo y la sospecha de los que están en el poder, que están fallando a sus ciudadanos al liberar fuerzas oscuras en la sociedad.

Traición de las víctimas

Leyenda: El fondo de las víctimas se canaliza a los terroristas. Tras la publicación de un artículo en The Wall Street Journal, el National Legal and Policy Center afirmó que una subvención de 170.000 dólares destinada a las víctimas del 11 de septiembre se estaba utilizando en cambio para brindar protección legal a presuntos terroristas árabes.

Realidad: Esto es completamente falso. La Sociedad de Ayuda Legal de Nueva York dijo que los fondos se estaban utilizando para las víctimas del 11 de septiembre que necesitaban asesoramiento legal. Una vez más, se culpa a las corporaciones sin rostro de trabajar con el enemigo y, al igual que con Deep Fried Rat o Coke Lore, se les ve jugando o apostando con nuestras vidas.

Todas estas historias basadas en terroristas se hacen eco de The Killer Upstairs Legends, pero a nivel nacional más que personal. En lugar de un loco asesino en el piso de arriba, nos enfrentamos al extranjero malvado empeñado en la destrucción de nuestra forma de vida. El miedo al motivo de los extranjeros ha estado presente en las historias durante mucho tiempo; se muestra mejor la información sobre la trata de esclavos blancos, en el que las mujeres anglosajonas blancas son llevadas por nefastos extranjeros de piel oscura a una vida de esclavitud sexual.

El mismo motivo también se refleja en escenarios de abducción extraterrestre. No sería de extrañar que, tras los atentados del 11 de septiembre, los relatos de secuestros, así como los de contaminación, aumenten la narración y la información.

11

Internet y las leyendas urbanas

INTERNET SATISFACE algunos de nuestros deseos de gratificación instantánea. Podemos acceder a imágenes, información y conocimiento más rápido que nunca antes. Sin embargo, Internet no es tan interactivo como se nos hace creer. La interacción humana sigue siendo vital, como lo es para la transmisión de historias. Internet ofrece una comunidad sucedánea y una con solo un rostro humano digitalizado. Las leyendas urbanas necesitan el elemento humano, necesitan una conexión emocional a través de la cual sobrevivir. El narrador agrega profundidad emocional, adapta el material e involucra a la audiencia en un viaje dramático. Estos no existen en Internet. Una pantalla no sustituye a los rostros de otros seres humanos. En el mejor de los casos, Internet no será más que un repositorio de estos relatos, donde los hechos del relato pueden estudiarse más detenidamente.

Pero, ¿representará esto un final para este libro de leyendas urbanas? La respuesta simple es no. Han comenzado nuevos desarrollos. Internet Lore simplemente ha reemplazado a Xerox Lore. Los correos electrónicos con historias reales o archivos adjuntos fotográficos (Photo-Legends) han proliferado enormemente.

Photo-Legend es una adición reciente al proceso por el cual se transmiten las leyendas urbanas. Esta es una leyenda urbana en forma de fotografía que ayuda narrando una historia clásica o simplemente un acontecimiento único y extraño. Algunas de estas Photo-Legends son falsificaciones descaradas, pero otras son más hábiles y, como son fotografías, es más fácil creerlas. Una imagen instantánea es mucho más evocadora que las palabras, particularmente en un mundo moderno que desea información instantáneamente, pero existen peligros inherentes a esto.

La cámara nunca miente, nos dicen, pero, de hecho, las cámaras sí lo hacen. Muy a menudo, las imágenes expuestas son cuestionables. El sofisticado software informático ha hecho que la noción de una imagen veraz sea obsoleta, si es que alguna vez fue una idea confiable.

. . .

www.snopes.com ofrece no solo una colección completa de historias, sino que también registra imágenes de Photo-Legend con una guía de calificación en cuanto a su veracidad. Demuestra que, así como no todo lo que leemos es cierto, tampoco todo lo que vemos es un hecho.

En el boletín de la Sociedad Internacional para la Investigación de Leyendas Contemporáneas No. 53 de diciembre de 2002, un informe sobre la reunión de ISCLR en San Antonio de 2001 registra el argumento de Jan Brunvand de que, desde la década de 1980, la leyenda urbana: tiene mucha menos vitalidad como género narrativo oral. Esto se debió, dijo, a la migración de leyendas contemporáneas del folclore a la cultura popular donde se han convertido en estereotipadas. estandarizados, explotados y reempaquetados de varias maneras, agregando que Internet y no la tradición oral ahora sirve como modo primario de transmisión para las leyendas contemporáneas y ya no podemos recopilarlas, en el sentido convencional del término.

Algunos otros folcloristas son más brutales cuando se trata del papel de Internet y lo condenan rotundamente por la muerte del cuento popular.

. . .

Linda Dégh, en Legend and Belief (2001), descartó la narración de leyendas en línea como una actividad para los socialmente desafiados, preguntándose si los miembros del grupo de chat eventualmente llegarán al punto de dejar la seguridad de sus hogares y entrar. Esto es demasiado duro ya que Internet tiene un valor enorme, aunque solo sea como un almacén de las leyendas urbanas. Internet no representa un obstáculo tan grande para la narración de leyendas como sugiere Dégh, ni carece de niveles de deconstrucción crítica. requerido para un correcto análisis de los mismos. En muchos aspectos es un ambiente saludable para la propagación del género leyendas urbanas. El meme se ha adaptado a nuevas circunstancias, nada más.

12

Hollywood y leyendas urbanas

EL CINE, la televisión y el mundo de la publicidad han saqueado de manera importante el amplio catálogo que existe de leyendas urbanas. Esto no siempre se debe a la escasez de nuevas ideas, sino a que los eventos icónicos permiten un acceso instantáneo al subconsciente. Estas historias se reconocen instantáneamente y, por lo tanto, se deslizan más fácilmente en nuestro cálculo para causar una impresión duradera. Por asociación, podemos vincular Nude Surprise Party con una marca de alcohol o un medicamento - y, de hecho, viceversa – sin tanta complicación. El asesino de la película puede tener un poder mayor porque inconscientemente somos conscientes de los motivos utilizados en el guion de la película.

. . .

El género de terror es el que ha utilizado con mayor frecuencia este tipo de relatos y de manera especial ciertos géneros como The Hook, The Killer Upstairs y Teens In Peril se han transferido perfectamente a la pantalla. Las películas de la variedad stalk and slash y el más potente killer on the loose - subgénero deben su existencia al clásico estilo de leyenda urbana - y extraen sus significados más profundos de ellos. La mayoría de las veces y, a pesar de que se califican de películas de terror sin sentido y generalmente son aborrecibles para la derecha política, estas películas contienen mensajes morales y no deben descartarse fácilmente. Debido a sus raíces de estas narrativas, traen consigo los subtextos asociados con las leyendas.

La película Ring y sus secuelas en realidad pretenden ser un tipo de narrativa de este estilo, utilizando una videocasete embrujado como su columna vertebral mitológica.

La historia de cada película se presenta en un falso estilo de leyenda urbana y pretende ser una que realmente existe.

Incluso las películas de zombis tienen un subtexto que es reconocible por las leyendas urbanas.

Los zombis representan a forasteros irreflexivos y desalmados, el extranjero alienígena, y recurren a motivos de contaminación corporal para aumentar su potencia.

En 28 días después, los zombis se multiplican a través de un virus transmisible y altamente contagioso, una clara referencia a Body Contamination Legends. Incluso cuando el significado general de una película es diferente, a menudo contiene motivos similares a los que se encuentran en el mundo de estas leyendas.

Las películas de Halloween y las leyendas urbanas, todos aprovechan elementos de las narraciones de este tipo, como asesinos con manos de gancho, caminos solitarios, niñeras en peligro, hembras solitarias, etcétera. La película Candyman, por ejemplo, tiene a su asesino luciendo un gancho de aspecto letal mientras que la protagonista femenina, interpretada por Virginia Madsen, investiga estos relatos. Es interesante notar que, en las versiones cinematográficas de las leyendas urbanas, la mujer joven es muy a menudo la que muestra el control. El corazón moral de la película, a diferencia del material original, a menudo reside en la protagonista femenina. Sin duda, esto refleja la posición cambiante de las mujeres en la sociedad y puede ser una buena razón por la que este género de películas es tan vilipendiado por la derecha.

En Nightmare on Elm Street, el legendario Freddy Krueger y sus dedos 'afilados' (para 'cuchillas', lea 'gancho') es el equivalente de los asesinos que se encuentran en las historias más horripilantes. Como dice Wes Craven, su creador, "Freddie es una entidad que existe desde hace mucho tiempo. Representa algo antiguo y probablemente se remonta a las mismas raíces de la humanidad. En cada época, los narradores intentan agarrar esos elementos misteriosos, ocultos e inefables y darles forma y nombres. En mi caso fue Freddy '.

Estas películas son populares porque 'explotan' temores bien fundados sobre el mundo más allá de nuestras cómodas fronteras. Sin embargo, como en las leyendas urbanas, no estamos directamente involucrados por lo que existe la red de seguridad de la distancia, que nos ofrece catarsis y una válvula de escape para nuestros miedos. La perdurable popularidad de películas como Psycho y The Texas Chain Saw Massacre se basa en el hecho de que sabemos que los asesinos retratados en celuloide con luz y oscuridad realmente existen. Ed Gein (quien en realidad usó ganchos para carne), en quien The Texas Chainsaw Massacre y otras películas como la película Deranged de 1974 se basaron libremente, Harold Shipman, Charles Manson, John Wayne Gacy, Fred West eran personas reales y los crímenes que cometieron. eran horribles y muy reales.

Harold Schechter, profesor de inglés en el Queens College de Nueva York, ha dicho que lo que ves en esa película (Texas Chamsaue Massacre) es realmente una versión de un tipo de historia popular muy antigua y ampliamente distribuida sobre las habitaciones o casas tabú que eres. Prohibido entrar, pero claro que la gente entra y lo que descubren es una habitación llena de cadáveres desmembrados y luego ellos mismos son asesinados y descuartizados. Así que los hechos del caso Gein se asimilaron en este tipo de historia. Es como si hubiera una especie de nivel arcaico de nuestra mente que da sentido a estos horrores en términos de estas historias.

Schechter también sugiere que deberíamos leer La masacre de Texas como un cuento de hadas que tiene mucho que ver con las ansiedades de la guerra de Vietnam entre los jóvenes. Parece ser una visión de Estados Unidos transformado en esta enorme máquina de matar que sabes que se está alimentando de sus propias crías. Como hemos visto, Urban Legends reflejan las angustias de la sociedad en la que se enmarcan.

Cuando se transfieren a la película, el subtexto de la leyenda va muy a menudo con ellos.

· · ·

Por supuesto, hay numerosas leyendas urbanas que se adhieren a las películas – por ejemplo, podemos tomar - Poltergeist y las misteriosas muertes del elenco y el equipo relacionados con la película, el fantasma supuestamente visible en la pantalla en Three Men And A Baby, o Fargo de los hermanos Coen, y sus afirmaciones de estar basadas en una historia real. Aunque el guion de Fargo es ficción, esto no ha impedido que la gente busque el tesoro. Incluso se realizó un documental sobre una niña que buscaba el dinero, que terminó conociendo una muerte prematura, agregando así otro nivel de credibilidad a la Leyenda. En realidad, el programa le debía más a The Blair Witch Project que a un incidente real. Esto es sintomático de una creciente confusión de los límites entre la realidad y el mito y es un ejemplo más del hecho de que nos resulta difícil distinguir entre los dos.

Es seguro decir que, a través de los medios, las leyendas urbanas seguirán influyendo en nosotros. Pero, ¿podrían utilizarse para usos nefastos? ¿Pueden engañarnos de manera más deliberada? ¿Pueden ser una herramienta útil para el control social?

13

Algunas leyendas relevantes en Norteamérica

Zona de juegos para niños muertos

Huntsville, Alabama, tiene el cementerio más grande y antiguo del estado llamado Maple Hill Cemetery. Junto al cementerio hay un pequeño parque con muchos columpios y toboganes (el equipo antiguo ha sido reemplazado por uno más nuevo). La idea era que, cuando las familias acudían al cementerio para visitar una tumba, los niños podían entretenerse y no causar problemas.

Pero este parque no es como otros. Las personas que caminan cerca dicen que pueden ver los columpios moviéndose por sí mismos, así como orbes o figuras espectrales.

Las piedras calizas en esta área han formado muchas cuevas y están rodeando el patio de juegos, lo que le da un aspecto sombrío y espeluznante. Los adolescentes locales lo llaman el parque infantil muerto, un nombre macabro para un lugar que todavía utilizan las familias.

Según la leyenda, muchos niños que murieron en Huntsville durante la pandemia de gripe española de 1918 están enterrados en las parcelas de Maple Hill adyacentes al patio de recreo. Algunos dicen que los espíritus de estos niños salen después del anochecer para correr y jugar, como podrían haberlo hecho en la vida.

Arkansas: Carretera 365

Mientras Josh conducía por la autopista 365, vio una figura parada al costado de la carretera. Era una mujer joven que estaba empapada, por lo que Josh decidió ofrecer llevarla en su auto y la joven le agradeció tímidamente por el viaje. Ella le dio una dirección en Redfield y Josh trató de conversar durante el viaje, pero la joven permaneció en silencio. Cuando llegaron a la dirección, parecía estar dormida y no había luces encendidas en la casa, por lo que Josh decidió llamar a la puerta primero para asegurarse de que era el lugar correcto.

Una mujer se acercó a la puerta y Josh, muy amablemente, dijo: "Buenas noches, señora, creo que tengo a su hija. La recogí unos kilómetros por la carretera y parece un poco fuera de lugar. Me pregunto si le importaría ayudarme a llevarla a casa".

La mujer se apartó de la puerta con una mirada de miedo y Josh sintió una repentina sensación de pavor. Ella le dijo que su hija murió en un accidente hace años, por lo que no podía ser cierto.

Josh corrió de regreso a su auto y cuando abrió la puerta del pasajero, la joven no fue encontrada, solo un asiento mojado por la lluvia.

Hay muchas versiones diferentes de esta historia de una mujer al costado de la carretera 365 cerca de Woodson, Arkansas. Cada una de ellas, consiste en recoger a una joven mujer que luego desaparece cuando el conductor la lleva a la dirección que ofrece, siempre en el aniversario de su muerte. De hecho, en algunas de estas historias, la joven mujer le pide al conductor que se dirija a la puerta, otros cuentan que el desaparece justo antes de que ellos lleguen.

. . .

Las muchas leyendas de Riverdale Road

Riverdale Road es el escenario de muchas historias aterradoras. De una puerta del infierno a los fantasmas de los esclavos que cuelgan de los árboles, el tramo de carretera es decididamente aterrador y les contaré acerca de unos pocos relatos de aquí.

Una de las historias más conocidas es la del corredor fantasma.

Un día, un conductor atropelló a un corredor y al verlo tirado en el suelo lo asustó y lo dejó por muerto. Ahora bien, se dice que, si pasas por el lugar y te estacionas justo en el lugar del accidente, escucharás pasos corriendo hacia ti y acercándose cada vez más a tu coche. La gente ha dicho que han encontrado huellas de manos en las ventanas y ruidos de golpes en el coche.

Otra historia cuenta que a lo largo de este camino estaba la enorme mansión de David Wolpert, quien enloqueció y asesinó a su familia quemando la casa hasta los cimientos.

. . .

Todo lo que queda de su mansión son las puertas.

Pero la carretera tiene más historias, como el coche fantasma Camaro que corre rápido con un solo faro y desafía a los coches con una carrera, provocando que se salgan de la carretera y provocando un accidente fatal.

La novia italiana

En Hillside, Illinois, a las afueras de Chicago, hay un cementerio en el que no solo se encuentra la tumba de Al Capone, también podemos encontrar la tumba de Julia Buccola Petta, quien nació en Italia.

A los 29 años Julia falleció al momento de dar a luz, convirtiéndola en mártir, y su familia decidió enterrarla con su vestido de novia blanco.

Su madre, sin embargo, que sufrió demasiado por la pérdida de su hija, comenzó a tener muchas pesadillas, en las que veía a su hija enterrada viva.

. . .

Estas pesadillas la angustiaron tanto que luego de la muerte de Julia, seis años después, la tumba fue exhumada y al abrir su féretro, aunque ya estaba pudriéndose, encontraron el cuerpo de Julia completamente intacto, no había ningún rastro de descomposición. Tenía el mismo aspecto que tenía en vida, con su piel suave.

Su madre tomó una foto de Julia en su ataúd y decidió recaudar fondos para una tumba más elaborada que está representada en una estatua de tamaño natural de la novia y que muestra una foto tomada de Julia en su ataúd seis años después de su muerte, así como su boda.

Sabattus Well

Un grupo de adolescentes decidió desafiar a un amigo arrojándolo a un pozo en Sabattus. Según la leyenda, se decía que el pozo, ubicado en la parte trasera de un cementerio, estaba embrujado, pero para impresionar a sus amigos, el joven aceptó el desafío.

Bajaron al niño por el pozo sentado sobre una llanta de goma. Lo bajaron por unos minutos, hasta que sus amigos ya no pudieron verlo.

Cuando se dieron cuenta de que no había ningún movimiento al final de la cuerda, los niños se subieron a su amigo y lo encontraron muy cambiado. El cabello del joven se había vuelto completamente blanco, todo su cuerpo estaba temblando y no podía hablar con coherencia. Su risa indicaba que se había vuelto loco y su apariencia era la de un anciano. A partir de ese día, el joven nunca volvió a ser el mismo, se quedó en ese estado para siempre y se dice que grita al azar desde las ventanas de la institución mental en el condado donde ahora vive.

Nadie sabe qué pasó dentro del pozo.

Casa de hacha y el puente del latido del corazón

A principios de la década de 1900, las escuelas eran más pequeñas. De hecho, Portal School (ahora conocida como Hatchet House) tenía quizás 30 estudiantes, quizás menos.

Cuenta la leyenda que un día la profesora decide decapitar a cada uno de sus alumnos (se desconoce la causa) pero lo hace uno a uno.

· · ·

Aunque, en algunas versiones de la historia. no dice exactamente cómo los mata. Pero todas las historias coinciden que una vez que los niños están muertos, el maestro les corta el corazón y los arroja al puente más cercano. La escuela ahora se llama Hatchet House y ahora está ubicada en la ciudad de Papillion debido a las inundaciones masivas en su localización original.

El puente donde están los corazones, ahora se llama puente del latido del corazón. Se llama así, porque dicen que si cruzas el puente de noche puedes escuchar los latidos de todos los niños.

También se dice que la maestra luego de matar a todos los niños, colocó las cabezas cortadas de los alumnos dentro de los pupitres y luego se suicidó. Por eso, si entra al aula por la noche, puede escuchar al maestro enojado marchando por la escuela.

White Lady Lane

Cuenta la historia de que hace mucho tiempo vivía una hermosa joven llamada Anna Story.

. . .

Ella y toda su familia vivían en una pequeña cabaña junto a las vías del tren cerca de Leyden. Cerca de allí vivía un vendedor ambulante sirio llamado Sam Kalil que viajaba por el campo vendiendo todo tipo de artículos para el hogar, como ollas, sartenes, etc. Quería casarse con la hermosa Anna, pero su madre no se lo permitió. Ella le dijo que regresara cuando Anna tuviera dieciséis años y allí podría tener su mano en matrimonio.

El comerciante aceptó el trato y regresó después de un año para cumplir su deseo de tener a Anna como esposa. Pero cuando regresó a buscar a la niña, la madre se negó nuevamente y le dijo que se fuera. En su enojo por no poder tomar la mano de la joven Anna, empujó a la madre y mató a Anna en ropa de dormir. La madre intentó interceptarla, pero Kalil le disparó en la cara y la bala le rompió la mandíbula. Algunos miembros de la familia escaparon por una ventana y corrieron hacia la casa de un vecino para pedir ayuda. El Sr. Kalil fue sentenciado a cadena perpetua en la Penitenciaría Estatal de Bismarck, pero fue liberado unos diez años después, a los 71 años, con familiares en Minnesota.

La madre vivió para contar la historia, aunque a causa del balazo su rostro quedó desfigurado.

. . .

La querida y dulce Anna, que fue derribada en la cima de su juventud, no estaba lista para morir, y es por eso que camina todas las noches de Halloween cerca de un pantano brumoso llamado Eddie's Bridge. Su camisa de franela blanca flotando detrás de su delgada figura buscando la paz en la muerte, la paz que ella no encontró en su vida.

El pequeño conejo

Si vivió en Virginia o sus alrededores en la década de 1970, probablemente conozca la historia del Bunnyman. Esta historia trata sobre un hombre llamado Douglas Griffon que estaba en un hospital psiquiátrico. Cuando este lugar está cerrado y los pacientes son reubicados, el autobús en el que viajaban se estrella y Griffon encuentra la oportunidad de escapar del hospital. Pasadas las semanas, empezaron a aparecer en el bosque restos de conejos muertos, aparecieron destrozados y colgando de un paso subterráneo de un puente. Posteriormente, se dice que el hombre decidió continuar con esta práctica, pero con adolescentes jóvenes, los destripó y colgó de manera similar a como lo hizo con los conejos. Por eso se llama Bunny Man.

. . .

Se recomendó a los lugareños que se mantuvieran alejados del paso subterráneo o que no caminaran solos. Desde entonces la gente ha conocido el lugar como "Bunny Man Bridge", en la noche de Halloween.

En 1970, una pareja informó haber visto a un hombre vestido de conejo que comenzó a gritarles que se fueran porque estaban en una propiedad privada y luego arrojó un hacha al parabrisas, aplastándolo. Hubo una segunda cuenta de Bunnyman dos semanas después, cuando un guardia de seguridad vio a un hombre con un hacha cortando la barandilla de un porche. La policía intentó encontrar al hombre, pero no pudo.

Si estás aquí en la víspera de Halloween, ten cuidado de no acercarte demasiado al "Puente del Hombre Conejito", nunca se sabe lo que podría pasar.

14

América Central y Sudamérica

LA CIGUAPA

La República Dominicana es conocida por sus hermosos paisajes y hermosas playas, pero en sus historias, dice que si te adentras un poco más en la montaña podrás ver una de las criaturas más míticas de la región.

Las ciguapas, como las llaman las leyendas, son mujeres salvajes que viven a la sombra de los bosques. Son mujeres pequeñas y hermosas con piernas largas y delgadas, piel oscura, grandes ojos oscuros y cabello negro largo y sedoso. No necesitan usar ropa porque su hermoso cabello largo cubre todo su cuerpo.

. . .

Son tímidos y de mal humor y, a menudo, hacen el ruido de un pájaro mientras caminan por el bosque. Una de sus características más interesantes es que sus pies están colocados hacia atrás para poder engañar a quien se encuentre con ellos y poder huir de ellos mirándolos directamente a los ojos, inculcando miedo en su enemigo.

Las Ciguapas salen de noche en busca de comida donde reúnen frutas y verduras y caza pequeños animales para sobrevivir. A veces incluso van a las aldeas, y cuando nadie mira, roban comida. Suben a las copas de los árboles para comer, por lo que también pueden esconderse de cualquiera que pueda estar caminando por la zona.

La gente de la zona sabe que, si cazan una Ciguapa, puede morir ya que no pueden soportar el dolor de estar cautivos. Pero ahí está la razón principal por la que los pobladores no visitan el bosque de noche y ni siquiera piensan en buscar una Ciguapa. Cuenta la leyenda que los Ciguapas no solo buscan comida cerca de los pueblos sino también hombres solitarios que deambulan por el bosque. Con su magia y belleza, las seducen y las hacen desaparecer.

. . .

Las muertes y desapariciones de muchos pobladores se atribuyen a los Ciguapas. Incluso hoy la gente que vive cerca del bosque, sabe que cuando escuchan el ruido de un pájaro en la noche, es mejor quedarse en casa.

Los Aluxes (Los Elfos)

Los Aluxes son una leyenda muy importante de la cultura maya. En la península de Yucatán, los Aluxes son espíritus que parecen niños pequeños que usan sandalias, sombrero y viven dentro de cuevas. Un perro suele acompañarlos o unirse a ellos. Son muy juguetones y traviesos, pero también protegen los campos de los agricultores.

Los granjeros creen que los Aluxes te tratan como tú los tratas a ellos. Cuando ingreses a su territorio, debes ofrecerles comida como un lindo gesto. Si quieres que los Aluxes protejan y cuiden tus cultivos, debes construirles una pequeña casa. Pero algunos piensan que su naturaleza es tan traviesa que con el tiempo reaparece, por eso la gente cree que después de siete años hay que sellar las puertas de la casita que construiste, o empezarán a actuar en tu contra.

. . .

Algunas de tus cosas más preciadas desaparecerán de la nada o tendrás pesadillas y caminarás sonámbulo en medio de la noche. Algunos dicen que han podido interactuar con ellos y que han logrado buena fortuna gracias a ellos, pero otros no han tenido tanta suerte.

Si no haces lo que quieren los Aluxes, pueden enfermarte.

Entre los mayas, esta enfermedad se conoce como mal aire, y para curarla es necesario acudir a un curandero especializado.

La Siguanaba (Mujer fea)

Su nombre original era Sihuehuet (mujer hermosa), pero la historia de la mitología cuenta que esta mujer tuvo un romance con el hijo del dios "Tlaloc" y quedó embarazada.

Cuando nació el hijo, ella no era realmente una buena madre. Estaba dejando a su hijo solo para encontrarse con su amante.

. . .

Cuando Tlaloc se enteró de lo que estaba haciendo Sihuehuet, la maldijo con este nombre: "Siguanaba" que significa (mujer fea).

Dios la condenó a vagar por el campo, a aparecer a los hombres que viajan solos de noche. Los nativos del país dicen que la Siguanaba aparece de noche en los ríos de El Salvador. Decide seguir a los hombres que se jactan de sus aventuras sexuales. La lavan con agua dorada en un árbol y cepilla su hermoso cabello negro con un peine del mismo metal, su hermoso cuerpo se revela a través de su camisón transparente.

A primera vista, sería hermosa, pero cuando los hombres se acercaban a ella, se convertiría en un ser horrible con una cara fea y aterradora.

Algunas historias mencionan que el hombre que se vuelve loco con su apariencia la sigue y ella los conduce por un barranco. Luego, muestra su rostro cuando se lo han ganado, un rostro pálido de muerto, con los ojos saltones, tanto rojos como la sangre, además su suave y delicada piel de porcelana se arruga y se torna verde. Si no quieren perder el alma y la vida en general, el hombre debe morder una cruz o una medalla y rezar a Dios.

Otra forma de deshacerse de Siguanaba es hacer un esfuerzo adicional y obtener la mayor cantidad posible.

Luego, túmbate en el suelo boca arriba y tira de su cabello con fuerza, así la Siguanaba se asustará y se escapará.

El Sombrerón (The Big Hat)

El sombrerón es un hombre bajito vestido de negro, lleva botas, un cinturón grueso y una hebilla reluciente. Destaca por llevar un sombrero muy grande, que usa para cubrirse el rostro. Se dice que está obsesionado con el trenzado, tanto que trenza las melenas y colas de caballos, mulas y más. Cuando no hay animales alrededor, busca mujeres jóvenes con pelo largo que se puede trenzar.

Siempre lleva consigo una guitarra plateada, que ocupa para atraer a las jóvenes de pelo largo tocando melodías cautivadoras cantando con su dulce voz. Esto hace que las mujeres caigan bajo un hechizo de amor mientras él les da una serenata.

. . .

El Sombrerón luego se aferra a las mujeres y las persigue, impidiéndoles dormir y comer mientras tejen largas trenzas en el cabello.

Si una mujer es víctima del Sombrerón, es condenada a muerte. La única forma de deshacerse de él, es cortar inmediatamente el cabello de la mujer.

El Mojón con Cara (El poste de madera con cara)

Cuando Santa Cruz era un pueblo pequeño, las casas tenían unos cuantos postes de madera frente a las puertas.

El propósito de estos, era evitar que carros con caballos chocaran contra las casas. También servían para atar los caballos o para mostrar los límites de las calles.

En ese momento, una joven muy guapa vivía al cuidado de su estricta madre a quien no le gustaba su amante, que era un joven de buen corazón, pero muy pobre. Su madre no dejaba que la joven saliera de la casa por temor a conocer en secreto a su amante.

. . .

Entonces no tuvo más remedio que sentarse frente a su casa y esperar horas para que ella mirara por la ventana para que al menos pudiera verla por un rato. La gente empezó a llamarlo por el sobrenombre de "mojón con cara" por su persistente espera. El joven pasaba sus horas tallando una cabeza humana en uno de los postes de la calle hasta que un día, su amada finalmente encontró la oportunidad de escapar de la casa y se escapó con él.

El mojón con cara tallado original existió hasta 1947. Cuando un tractor lo arrancó y lo descartó, el alcalde hizo otro tallado para reemplazarlo ese mismo año, y hasta el día de hoy, el poste está en esa misma calle.

El Trauco

Es el seductor de las vírgenes, un enano feo y deforme. Durante siglos, se le culpó de que las chicas quedaran embarazadas.

El Trauco vive en el bosque cerca del pueblo de Chilote. Es un hombre bajo y fuerte que lleva un hacha de piedra en la mano derecha, que reemplaza con un bastón cuando se enfrenta a una niña.

Lleva un sombrero hecho de pasto seco y un poncho y no tiene pies, solo muñones. Se dice que es la viva representación del amor fecundo, creador de una nueva vida y padre de toda la naturaleza de los hijos de Chiloés.

Las mujeres casadas son atacadas más recientemente. No solo las chicas se preocupan por él, sino también las madres, que conocen las consecuencias de su comportamiento travieso. Ellos lo evitan, enviando a sus hijas al bosque en busca de leña o en busca de pasto para las ovejas porque las puede atrapar en el camino o golpearlas con su palo de madera llamado "pahueldún". Estos ataques no ocurren si van acompañados de sus hermanos menores.

Saci-Pererê

La leyenda más popular de Brasil es el Saci-Pererê. Es un joven negro con una sola pierna porque perdió la otra en una pelea de capoeira (arte marcial brasileño que combina elementos de danza, acrobacia y música).

Aunque solo tiene una pierna, sigue siendo muy ágil.

. . .

También lleva una gorra roja mágica y una pipa de humo; típico de la cultura africana.

Con esta gorra roja mágica, puede desaparecer y reaparecer donde quiera. Le gusta silbar en las carreteras y le encanta hacer bromas durante la noche. Algunos de sus trucos son esconder los juguetes de los niños, soltar animales, molestar a los perros y maldecir los huevos de gallina para evitar que eclosionen. Además, cuando está en la cocina, derrama la sal, agria la leche, quema el guiso de frijoles y las gotas vuelan en la sopa. Cualquier cosa que salga mal en la casa puede ser culpada confiadamente a los Saci.

La persona que decida adentrarse en el bosque debe pedir su permiso o corre el riesgo de convertirse en víctima de sus payasadas. Para escapar de un Saci que lo persigue, debes cruzar una corriente de agua.

No cruzará porque el agua le hace perder todo su poder.

Otra forma es soltando una cuerda llena de nudos porque luego se detendrá para deshacer los nudos.

· · ·

Por último, la gente también puede darle cachaça (bebida alcohólica) o tabaco para su pipa.

La leyenda dice que, si alguien puede agarrar su gorra roja, Saci-Perere le va a conceder un deseo a esta persona, pero el problema es que el gorro huele tan mal, es por eso que es imposible deshacerse de él.

Lorelei

En esta leyenda, había una hermosa doncella, cada hombre que la veía se enamoraba de ella. Ella ya estaba enamorada de un joven caballero que se fue a la guerra.

Aun así, se mantuvo fiel a su hombre. Los hombres pensaron que podían tenerla, y cuando fallaron ... se suicidaron. La gente pensó que era una hechicera que atraía a los hombres, por lo que la llevaron a la corte y la acusaron de hechicería. El castigo sería ardiente. Estaba tan triste por extrañar a su caballero, que ya no le importaba si vivía o moría. Los oficiales de la corte quedaron tan cautivados por su belleza que perdonaron sus ofensas y la enviaron a vivir a un convento. Al ir al convento, pasaron el acantilado de Lorelei.

Pidió escalarlo y echar un último vistazo al castillo de su amado caballero. Mientras estaba allí, vio una barcaza que subía por el Rin. En la proa estaba su caballero. ¡Ella gritó de alegría! Entonces el barco se dirigió directamente hacia las rocas. Su caballero se hundió en el río ... así que saltó tras él. Ambos perdieron la vida en las turbulentas aguas del Rin. La leyenda dice que ahora la joven se sienta sobre la roca, se cepilla el cabello dorado y canta su canción. Al escuchar la canción, los marineros se distraen y chocan contra las rocas.

Elfos

Islandia está llena de mitos y leyendas. El origen de los Elfos proviene de la historia bíblica de los sucios hijos de Eva. Eva se estaba preparando para las visitas de Dios, así que estaba lavando y limpiando a sus hijos. Pero no tuvo tiempo de lavarlos todos, así que trató de esconder los sucios. Dios los descubrió y los maldijo para que fueran siempre invisibles para el mundo humano. Se dice que viven en rocas y árboles y buscan vengarse de quienes los amenazan a ellos o a sus tierras. Juegan muchos trucos a los humanos y uno de sus favoritos es robar a sus bebés y dejar en su lugar a un viejo y malhumorado elfo cambiante.

. . .

Esto es parte de la vida cotidiana en Islandia, pero hay algunas noches al año que son especialmente poderosas. Si se sienta en una encrucijada en la noche de verano, los pueblos escondidos se acercarán a usted y le ofrecerán oro y joyas. Debes resistir la tentación de aceptar, si lo haces, tus deseos se harán realidad; Pero si aceptas lo que te ofrecen, te volverás loco. La víspera de Año Nuevo es cuando los Pueblos Escondidos se mudan de casa y se cree que les traerá buena suerte dejar algunos pedazos de comida para que tengan en sus viajes.

Melusina

Melusina fue la fundadora de la esposa de Luxemburgo, el Conde Siegfried. La historia dice que cuando se casaron, ella le pidió a Siegfried solo un favor, él necesitaba dejarla en paz cada primer miércoles del mes, un día y una noche completos, y no debería preguntar ni intentar averiguar qué estaba haciendo.

La amaba tanto que estuvo de acuerdo con esto durante años. Cada primer miércoles del mes, Melusina se retiraba a sus habitaciones y no era vista hasta el jueves por la mañana, temprano.

. . .

Pero un da, Siegfried estaba muy curioso, así que miró a través del ojo de la cerradura y vio a Melusina tirada en la bañera, con una cola de pescado.

Melusina se dio cuenta de que la estaba espiando y saltó por la ventana hacia el río Alzette, para no ser vista nunca más.

Algunas personas dicen haber visto a una hermosa niña en el río, con una cola de pez nadando en las aguas del río Alzette.

POLONIA: El espadachín

En la Universidad de Wroclaw, Polonia, hay una gran fuente famosa justo enfrente. Y en la fuente hay una estatua desnuda sosteniendo una espada en el medio. Esta estatua es la del propio escultor, Hugo Laderer.

Cuenta la leyenda que cuando era un joven estudiante, le gustaba mucho jugar a las cartas con los amigos y apostar.

. . .

Pero una noche no le fue nada bien y perdió todo su dinero y mucho más, que sus amigos incluso le quitaron la ropa, dejándolo solo con una espada, que es el símbolo de honor.

El escultor decidió hacer la estatua "Szermierz" como una señal para advertir a los estudiantes que deben concentrarse en sus estudios y no sobre juegos o apuestas.

Los estudiantes usan la fuente como un lugar de encuentro y todo el tiempo la palabra removible sigue siendo robada. El ayuntamiento tiene que reemplazar la palabra por una copia de plástico muchas veces al año.

El Gallo de Barcelos

La leyenda tiene lugar en Barcelos. Los ciudadanos tenían miedo de salir de sus casas porque sucedió un crimen terrible y aún no se ha resuelto.

Un día, un peregrino que pasaba por Barcelos, fue detenido y condenado a la horca. Antes de que eso sucediera, el peregrino pidió hablar con el juez.

Lo llevaron frente a él, quien en ese momento estaba festejando con amigos. Aunque el peregrino juró su inocencia, el juez ignoró su declaración, por lo que el peregrino señaló con enojo un gallo cocido en la mesa y afirmó que el gallo cantaría en el momento de su ahorcamiento como prueba de su inocencia. Cuando llegó el momento del castigo, justo antes de que el verdugo pudiera pronunciar su sentencia, el gallo asado de Barcelos se paró en la mesa frente a la multitud y cantó justo como predijo el peregrino. El juez se dio cuenta de su error y corrió a salvarlo.

Pasado ese día, el peregrino regresó y talló una cruz en honor a la Virgen María y Santiago, a quien responsabilizó de salvarlo con el milagro del gallo. Esta cruz se conoce como la Cruz del Señor del Gallo.

La dulce niña de Ancol Bridge

Esta es la historia de una hermosa niña conocida como Maryam, que vivía en el pabellón de una casa que pertenecía a un hombre rico. Cuando cumplió 16 años, el rico, dueño de la casa, se enamoró de ella y quiso convertirla en su concubina.

· · ·

Ella rechazó la propuesta porque no quería ser la concubina de un anciano, por lo que se escapó de casa.

Entonces Maryam comenzó a deambular, buscando un nuevo lugar para quedarse, pero otro viejo rico se dio cuenta de su belleza y quería algunos avances en ella, lo que Maryam rechazó. Se enojó tanto por su rechazo, que fue tras ella con algunos de sus matones. Su pretendiente la violó y la mató, y luego arrojó su cuerpo en un campo de arroz cercano. Desde entonces, se han reportado muchos avistamientos de una mujer fantasmal cerca del Puente Ancol, cuya presencia se dice que le cuesta accidentes de tránsito a los conductores masculinos que pasan.

Kuchisake Onna (Mujer con la boca cortada)

Kuchisake Onna era la esposa de un guerrero samurái que un día descubrió la infidelidad de su marido y en un momento de locura decidió abrirle la boca. La leyenda urbana que la rodea es muy interesante. Dice que camina por las calles de noche, normalmente en días de niebla, con la cara cubierta con una mascarilla quirúrgica. Le gusta acercarse a los viajeros.

. . .

Y luego les pregunta por ella, si creen que es bonita, cuando dicen que sí, entonces se quita la máscara dejando al descubierto la boca rajada. Y luego volvería a preguntar si creen que es bonita. Si respondieron de nuevo con un "Sí", entonces ella les abre la boca con un par de tijeras. Y si responden con un "No", los cortará por la mitad con una guadaña. Si no quieres que te haga daño, entonces debes responder que se ve normal, lo que la confundiría y luego se iría.

Okiku Doll

En Japón, hay una ciudad llamada Iwamizawa, que tiene las reliquias más espeluznantes. La leyenda cuenta la historia de una muñeca que fue comprada en Hokkaido en 1918 por un chico de diecisiete años, para su hermana de tres años llamada Okiku.

Okiku amaba a su muñeca, tanto que siempre la llevaría a todas partes. Trágicamente, Kikuko murió después de contraer un fuerte resfriado. La familia decidió guardar la muñeca en casa para recordarla. Llamaron a la muñeca por el nombre de su hija, Okiku. Después de un tiempo, notaron que el cabello de la muñeca comenzó a crecer.

. . .

Pensaron que la muñeca estaba poseída por el espíritu de la niña. En 1938, la familia de Kikuko tuvo que mudarse por motivos de trabajo, por lo que el padre decidió entregar la muñeca Okiku al templo Mannenji, para que la buscaran. Y no querían llevarse la muñeca con ellos, por temor a que lo que alimentaba su magia era la proximidad a la tumba de su hija, la familia se acercó al templo Mannenji y les pidió que cuidaran de la muñeca. "Incluso hoy, puedes ir al templo en Hokkaido para ver a Okiku por ti mismo, pero la fotografía no está permitida. Con los años falleció, la muñeca se hizo más famosa. La gente dice que su cabello está creciendo más rápido y más salvaje. La gente también dice que la boca de la muñeca se está abriendo lentamente y en su interior es posible que puedas vislumbrar algo como unos dientes de bebé creciendo en el interior.

El castillo de la buena esperanza

En el siglo XVIII, el castigo por haber desertado del ejército estaba colgando. El gobernador, que era una persona terrible, que torturó a muchos soldados, solía supervisar estos momentos, así que, en esta ocasión, cuando el gobernador supervisaba la horca de un soldado, éste decidió maldecirlo justo antes de morir.

. . .

La maldición fue condenar a Van Noodt, el gobernador, a una vida futura atrapado en el Castillo de Buena Esperanza, donde encarceló y torturó a muchos soldados. Según relatos de personas que visitan el lugar, dicen que se pueden escuchar y ver cosas extrañas e inexplicables.

Parque Nacional Liwonde

En Malawi, existe el Parque Nacional Liwonde, en el que hay un árbol que tiene un pasado oscuro. Desde la década de 1950, cuando la gente murió de lepra, los cuerpos habían sido arrojados por el escondite de un árbol ahuecado. Enterrar leprosos en tumbas normales se cree que causa que la enfermedad se propague por la tierra para el resto de la comunidad. Los huesos y cráneos de los enfermos todavía se pueden ver en el tronco del árbol en la base de la colina Chinguni.

Presa de Kariba

Nyami es el dios del río y vive en el Río Zambeze. En 1956, se inició la construcción de la presa de Kariba, a la derecha donde se decía que Nyami había hecho su hogar.

. . .

Poco después de que el proyecto comenzó, una inundación destruyó la presa y mató muchos trabajadores, llevándose consigo sus cuerpos. Buscaron los cuerpos por todas partes, pero no pudieron encontrarlos.

La gente empezó a creer que Nyami estaba enojado con ellos porque con la construcción de la presa perturbaron su casa y lo separaron de su esposa. Entonces decidieron sacrificar una vaca en el río, como ofrenda para él y como señal de paz. Después de que hicieron eso, se dice que todos los cuerpos desaparecidos aparecieron misteriosamente en el lugar donde se colocó la vaca.

Conclusión

El mundo tiene tantas historias y leyendas del pasado. Algunas dan miedo, otras son románticas y otras son divertidas, ¡pero todas son sin duda fantásticas! No sabemos cuál es la verdad y cuál es solo una historia que un amigo de un amigo nos conoció y nos contó. Pero ciertamente disfruto escuchar acerca de ellos.

En su nivel más fundamental, las leyendas urbanas son simplemente relatos de seres humanos en situaciones extraordinarias que ofrecen advertencias sobre el mundo aterrador que existe más allá de nuestras visiones de la realidad más teñidas de rosa, cómodas y entrecortadas. Sirven como recordatorios de que puede que no todo esté bien y nos advierten contra la complacencia en la moralidad y las costumbres sociales.

También indican la evolución de las preocupaciones y temores de las personas a lo largo del tiempo. Algunas historias desaparecen durante largos períodos cuando su significado subyacente deja de ser una preocupación para los narradores. Al mismo tiempo, los viejos resurgen o surgen nuevos y continúan expresando preocupaciones innatas y muy humanas sobre el mundo en general, la oscuridad más allá de la cueva.

Las historias a menudo encarnan el choque entre las generaciones mayores y las jóvenes y, en ellas, los viejos hornos sociales siempre triunfan. Los transgresores más jóvenes son castigados por su falta de respeto a las reglas de la sociedad. Estos relatos pueden ser profundamente racistas y sexistas. Los extranjeros de diferentes etnias son objeto de sospecha. Las mujeres a menudo figuran en las historias como perpetradoras de crímenes o como víctimas que, a través de su transgresión social, traen su propio destino merecido sobre ellos mismos. No todas las víctimas de estas historias son mujeres, pero, en general, las mujeres son las que más sufren en ellas. Y con demasiada frecuencia las historias culpan a las mujeres de todos los errores y fallas de la sociedad, especialmente si también son adolescentes rebeldes.

. . .

Las leyendas urbanas son espejos de una sociedad. En ellos vemos nuestras obsesiones con la muerte, la locura, los asesinos psicóticos y la contaminación corporal. A menudo, Estas narrativas pueden ser difíciles de separar de la historia real. Distorsionan los acontecimientos y nublan los problemas que atestiguan los relatos que se han unido a las Torres Gemelas. Un acontecimiento trágico se ve de alguna manera degradado por la proliferación de historias extraordinarias, algunas de las cuales rayan en lo cómico.

Debajo de sus trilladas historias simplistas, las leyendas urbanas tienen un mayor significado. No pueden simplemente descartarse como historias tontas destinadas únicamente a divertir y entretener. Por el contrario, tienen un gran depósito de información y desinformación.

Comprender los significados detrás de Urban Legends nos ayuda a comprender la psique de una nación y, a través de ellos, vislumbramos los prejuicios y miedos que existen dentro de ella.

www.ingramcontent.com/pod-product-compliance
Lightning Source LLC
LaVergne TN
LVHW011707060526
838200LV00051B/2795